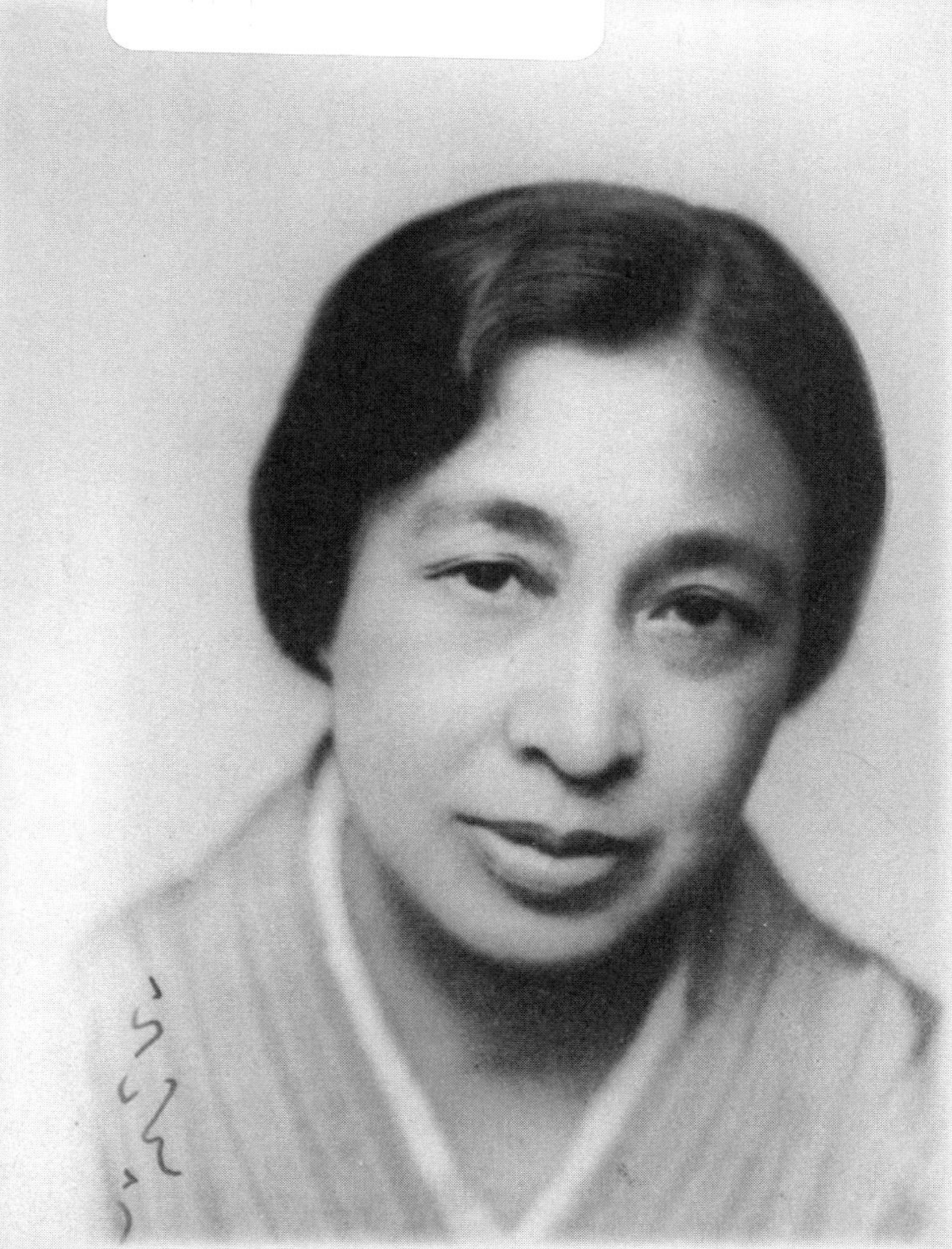

監修者――加藤友康／五味文彦／鈴木淳／高埜利彦

［カバー表写真］
『青鞜』創刊号の表紙
(1911〈明治44〉年９月，長沼智恵子の図案)

［カバー裏写真］
東京共働社成城支部我等の家
(『婦人之友』1930〈昭和５〉年９月号)

［扉写真］
平塚らいてう
(1934〈昭和９〉年撮影)

日本史リブレット人093

平塚らいてう
信じる道を歩み続けた婦人運動家

Sashinami Akiko
差波亜紀子

目次

模索し続けたらいてう———1

①
学びの時代———3
教育熱心な家庭／良妻賢母教育への不満／経済的自立への憧れ／『女子教育』への感銘／日本女子大学校での学び

②
『青鞜』の時代———23
文学への興味／塩原事件／『青鞜』の創刊／元始，女性は太陽であった／新しい女／婦人問題に取り組む／『青鞜』の委譲

③
新婦人協会———46
母性保護論争／新婦人協会の設立／治安警察法改正運動／運動からの離脱／新婦人協会の解散

④
よき母として———64
帰京と罹災／消費組合運動／働く母としての発言／戦時下の動向

⑤
戦後のらいてう———81
敗戦直後のらいてう／世界平和の実現を求めて／ふたたび婦人団体のなかへ

模索し続けたらいてう

一九七一(昭和四十六)年五月二十四日、「平塚らいてう」こと奥村明《はる》(一八八六〜一九七一)は、東京千駄ヶ谷《せんだがや》にある代々木《よよぎ》病院で八五歳の生涯を終えた。近代的女性解放運動の先駆けであり、国際民主婦人連盟▲副会長の役職に就いたままでの逝去だった。五月三十日に青山《あおやま》斎場で行われた告別式では、婦人参政権獲得をめざす同志だった市川房枝《いちかわふさえ》▲や、世界平和を求める運動で活動をともにした湯川秀樹《ゆかわひでき》▲博士など約五〇〇人が参列した。

　らいてうがはじめて世間の注目を集めたのは二十代の初めである。詳しくはあとで述べるが、当初らいてうは非難を含んだ好奇の目にさらされ、たいへんな思いをした。しかし自分の生き方そのものへの世間の注目を逆手にとり、社

▼**国際民主婦人連盟**　Women's International Democratic Federation　女性の権利擁護を掲げて一九四五年十二月に設立された国際非政府組織。

▼**市川房枝**　一八九三〜一九八一。愛知出身。参議院議員(一九五三〜七一)。

▼**湯川秀樹**　一九〇七〜八一。中間子《ちゅうかんし》の存在を予言したことで一九四九(昭和二十四)年日本人としてはじめてノーベル物理学賞を受賞した。核兵器廃絶や世界連邦建設など平和運動にもかかわった。

告別式に参列した市川房枝(左端)

会的発言を行う人生を選んだ。

長い生涯、らいてうは当時の女性がかかえていた多くの問題の解決に、自分本位の方法で取り組んだ。若い頃は伝統的女性像や家庭像からいかに自己を解放するかが喫緊の課題であり、雑誌『青鞜《せいとう》』で思いを述べた。恋愛の末に母となると、自己実現の道でもある仕事と育児や家事の両立に悩み、出産・育児の社会的意義を強調する母性主義に共感し、母子保護実現のために婦人参政権の獲得をめざすようになった。ただ体力の限界や、家族との時間を大切にする立場から、らいてうは婦人参政権運動の第一線を早々に離れ、一時は過去の人とみられたような時期もあった。しかし日中《にっちゅう》戦争、太平洋戦争をへて子どもたちも独立したあとは、世界平和を求める運動でふたたび大きな注目を集めたのである。

かつてのらいてうの悩みや模索は、現代に生きる私たちにも馴染《なじ》み深い。何をその時々の課題とし、どのような方法で取り組むか、人の思惑に左右されすぎず自分本位に選んで歩んだらいてうの姿を、たどっていきたい。

①—学びの時代

教育熱心な家庭

のちのらいてうは、平塚定二郎《さだじろう》と妻光沢《つや》の二女として一八八六（明治十九）年二月十日、東京市麴町《こうじまち》区三番町に生まれた。明《はる》という名は、年子の姉が一月三十日の孝明《こうめい》天皇祭《さい》▲に生まれたのにちなみ、孝《こう》と名づけられていたことから決まったという。明は当時としてはめぐまれた学習環境をあたえられ勉学を好むようになったが、それには父定二郎の生立ちや考えが影響していた。

定二郎の父は紀州藩士《きしゅうはんし》の家柄である平塚家に婿養子として入り、妻没後、再婚した八重とのあいだに定二郎と妹の同《あい》をもうけた。廃藩置県《はいはんちけん》後、父は平塚家の地所などを先妻とのあいだの子どもたちに譲り、定二郎らをつれ上京、新政府に登用されていた従兄の津田出《つだいずる》▲を頼った。津田の栄達は、紀州藩がいち早くドイツ式の徴兵制《ちょうへいせい》を採用した際の責任者だった経験を買われたことによるものだった。そこで定二郎は苦学してドイツ語を習得し官吏となった。学資不足で東京外国語学校中退の学歴ながら、明誕生の翌一八八七（明治二十）年には、

▼**孝明天皇祭**　孝明天皇（在位一八四六〜六六）が崩御《ほうぎょ》した一月三十日に由来する明治時代の祭日。先帝祭《せんていさい》。

▼**津田出**　一八三二〜一九〇五。紀州出身。蘭学《らんがく》を学び明治初年の藩政改革を主導。大蔵《おおくら》・陸軍両省の官僚をへて貴族院《きぞくいん》議員となった。

帝国議会開設準備の一環として会計検査院院長渡辺昇《わたなべのぼる》▲が調査渡欧する際の通訳をつとめ、またお雇い外国人ロエスレル▲のそばで働くうち、ドイツ語のみならず法律にも通じるようになったため、伊藤博文《いとうひろぶみ》らを助けて憲法草案起草にも携わったという。陸軍経理学校で会計学を講じたり、第一高等学校のドイツ語講師をもつとめたりしながら、最終的に定二郎は一九二四(大正十三)年、会計検査院部長、正四位《しょうしい》勲一等として退官した。

一方、妻の光沢は裕福な町医者の娘として江戸《えど》に生まれ、寺子屋《てらこや》で読書き算《そろ》盤《ばん》を習ったほかは、踊りや常磐津《ときわづ》に打ち込んで育った。しかし定二郎の将来性にほれ込んだ父の勧めで数え一七で嫁ぐと、真面目一筋の定二郎にあわせ芸事を封印して暮した。定二郎の渡欧中は、幼い娘たちを同居の義母にあずけ、洋装で桜井《さくらい》女学校にかよい英語を、共立《きょうりつ》女子職業学校▲では洋裁や編物、刺繍などを学んだ。

教育を受けることで身を立てた定二郎は、娘たちの教育にも熱心だった。家庭では五目並《ごもくなら》べやトランプを教え、グリム童話を語ってやり、日曜にはしばしば親子四人で上野《うえの》の動物園や浅草《あさくさ》の花やしき、小石川《こいしかわ》の植物園などに出かけた。

▼**渡辺昇**　一八三八〜一九一三。大村《おおむら》藩出身。江戸に遊学後、薩《さっ》長連合《ちょうれんごう》実現に尽力。大阪府知事、参事院議官、会計検査院院長などを歴任し、貴族院議員もつとめた。

▼**ロエスレル**　一八三四〜九四。法学者。ドイツの大学教授職を辞して来日。外務省顧問、内閣顧問として条約締結や、商法、憲法の制定に関与し、一八九三年帰国。

▼**共立女子職業学校**　一八八六(明治十九)年、男女三四人の発起人により創設。当初の設立目的は、女性の社会的地位向上のため、自活を可能にする専門的技能と教養を授けることだった。共立女子学園の前身。

平塚家とらいてうの家族

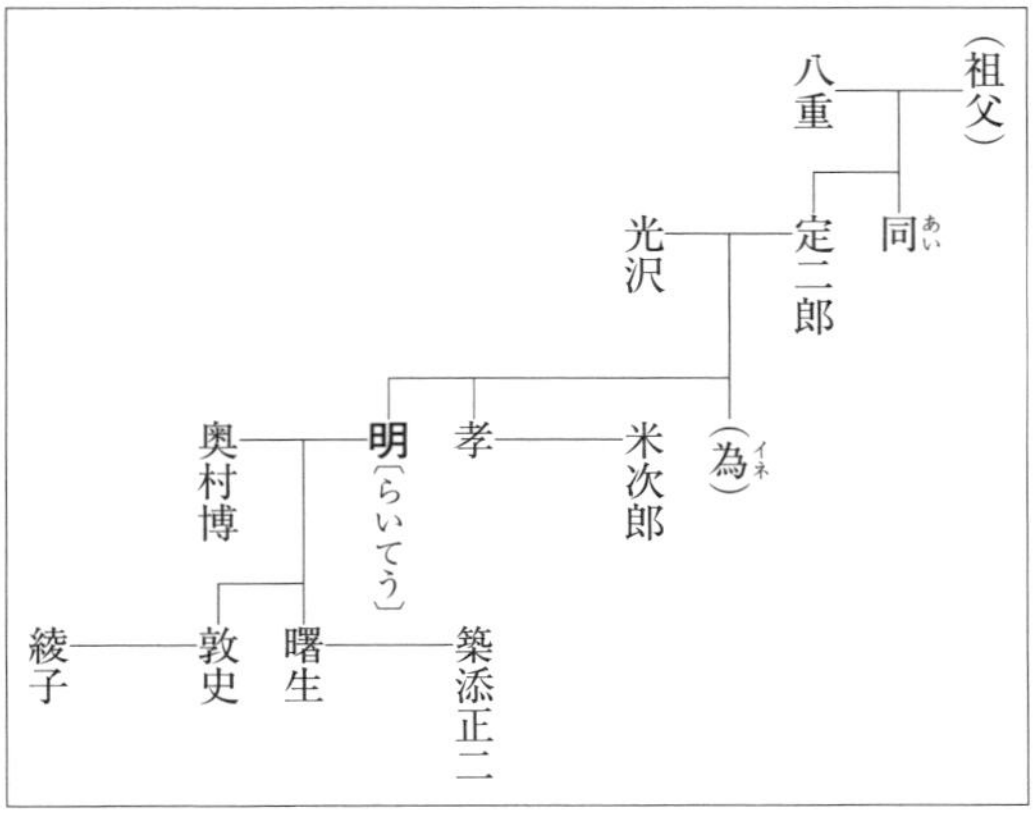

注　ここに掲げたのはおもに本書でふれた人物。（　）内はらいてうの生前に没した。

三歳頃のらいてう（右端）　左は姉と母、洋服は父の欧州みやげ。一八八九（明治二十二）年頃。

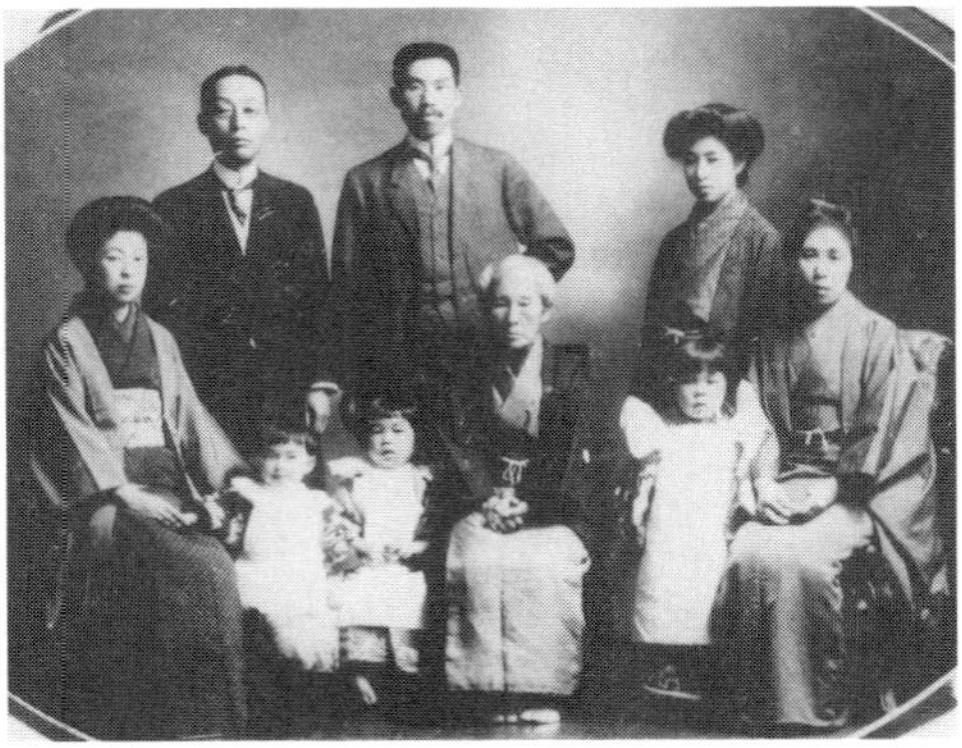

平塚一家の写真　前列左から姉、祖母、母、祖母の両側は姉の子どもたち。後列左から父、義兄米次郎、らいてう。一九一二（大正元）年五月。

また通学先として麹町区立富士見《ふじみ》小学校付属幼稚園から富士見小学校、転居先の本郷西片町《ほんごうにしかた》の誠之《せいし》小学校、官立の女子高等師範学校▲付属高等女学校までを選んだ。

定二郎は教育を重視した政府の方針に忠実だったともいえる。近代的国づくりの基本として人材の育成が必要だと考えた政府は、一八七二(明治五)年公布の学制《がくせい》▲以来、欧米にならった教育制度の構築を進めていたからである。しかし六歳以上の男女すべてに授けるべきとされた初等教育に限っても、国民の多くが貧しい時代にあっては、普及に時間がかかった。生活の役に立つものだから自己負担とされた授業料は、江戸時代の庶民教育を担った寺子屋に比べて高額だったし、拘束時間が長くなった分、家事手伝いなどに支障が出た。なにより多様な家庭環境の子どもたちに、国語・算数・理科・歴史・修身《しゅうしん》▲・体育・唱《しょう》歌《か》▲などの幅広い内容を一律に教える新方式がすぐに役立つとは思われなかったからである。

平塚姉妹の高い学歴は、めぐまれた経済事情と、新しい教育に対する両親の理解があってこそのものだった。明がお茶《ちゃ》の水《みず》女学校に入学したのは一八九八

▼**女子高等師範学校**　一八九〇(明治二十三)年設立の、女子中等学校教員養成機関。お茶の水女子大学の前身。附属高等女学校の通称はお茶の水女学校。

▼**学制**　近代的教育制度を定めた最初の法令。全国を大学区・中学区・小学区に分け、各学区にそれぞれ一学校を設置すること、教授科目などを定めた。

▼**修身**　学制で定められた道徳教育の科目。一八九〇(明治二十三)年の教育勅語《きょういくちょくご》発布後は、忠君《ちゅうくん》愛国《あいこく》の臣民《しんみん》道徳を中心とした修身教育が、全教科の中核にすえられるようになった。

▼**唱歌**　西洋音楽の旋律に、花鳥風月などを謳った文語体の歌詞をあわせたものが、教材としてつくられた。在来のわらべ唄は除かれた。

(明治三十一)年だが、小学校の女子就学率がようやく五割を超えたのはその前年だった。高等女学校▲の進学率はさらに低く、一九〇五(明治三十八)年時点で三%程度である。誠之小学校は比較的教育環境が良いといわれる地域にあったが、明の同級生も大半は小学校卒業で社会に出てしまい、府立の高等女学校に進む者が二人ほど、小学校の裁縫の教員資格がとれる裁縫学校に進む者が数人いた程度であった。

良妻賢母教育への不満

五年間のお茶の水女学校での生活は、全体としてみれば明にとって「とにかく楽しい毎日」だった。幼い頃から声が出にくいため唱歌は苦手だったが、数学を筆頭にどの科目も成績がよく、女性のたしなみとして重視されていた習字と裁縫はいつも先生や友だちから褒められるほどだった。ただ「すべての学課を、形式的に教科書どおりに教え、教科書にあることを丸暗記させるだけで、参考書というものはなに一つ教えず、読書の指導なども全然してくれません」と回想する授業にはおおいに不満を覚えた。こういった明の感覚は、高等女学

▼**高等女学校**　旧制の女子中等教育機関。一八九九(明治三十二)年の高等女学校令は、入学資格を一二歳以上の高等小学校二年修了者か同等以上の学力をもつ者、修業年限四年を基本とするよう規定。

校の教育方針とは対立しかねないものだった。

当時、政府は男子にとっての中学校に対応するものとして高等女学校を法令で規定し、道府県に設置を義務づけるなど公的に整備を進めつつあった。背景には、日清《にっしん》戦争をへて国力《こくりょく》の基《もとい》として個々の家庭を基礎とした人材育成がより真剣に考えられるようになったことがあり、この機会にそれまでミッションスクール▲など私学を中心に行われていた西洋の教養主義的な女学校教育を修正しようという意図もあった。中流以上の男性の妻となり、心身ともに健全な子どもを育てる母となるにふさわしい女性に必要な教養は何か、という観点から教育内容が定められたため、中学校に比べて外国語・数学・理科などの時間は少なくなり、裁縫や家事の時間が多くなった。そしてもっとも重視されたのが、女性としての心構えを教えこむことだったのである。

一九〇二(明治三十五)年五月の全国高等女学校校長会議における文部大臣菊《きく》池大麓《ちだいろく》▲の訓示によれば、良妻賢母《りょうさいけんぼ》の責任が果たせるように準備させることが女学校教育の目的だが、十七、八歳くらいの生意気盛りに結婚して夫の家に入り、舅・姑に仕えることが多い日本では、当時女学校そのものが紛争の種になりか

菊池大麓

▼**ミッションスクール**　キリスト教の伝道会(mission)が、布教のために設立したものを典型とするキリスト教系の学校。

▼**菊池大麓**　一八五五〜一九一七。津山《つやま》藩の洋学者、箕作阮甫《みつくりげんぽ》の養子の子で父の実家を継ぐ。二度のイギリス留学で数学・物理学をおさめた。東京大学教授、のち総長。

ねなかった。女学校出の嫁が「余程エライ者ヲ学ンダカノ様ニ思」い、古い教育を受けた姑などとのあいだに衝突を起こしやすいからで、女学校では「ドーユー性質ガ最モ中等社会以上ノ家庭ヲ組立テルニ付テ必要デアルカト云フコトヲ考ヘ」、倫理だけでなく、すべての学科を通じて教えなければならないというのである。

つまり良妻賢母教育とは、聡明ではあるが智識をひけらかすことなく、婚家で年長者に従順に仕える気持ちをもつ、よい嫁の育成に重点をおいたものだった。条約改正《じょうやくかいせい》▲交渉の失敗後、鹿鳴館《ろくめいかん》▲に代表される過度な欧化主義に対する批判とともに、西洋の教養を身につけた物知り顔の娘や女学生に対する反感も高まっていたから、日本の伝統的な家族観にそった教育内容をめざすのだと確認したのである。婚家でうまくやっていくすべを身につけることは、女性の処世術としても重要で、世間一般にも受け入れられやすい。そして権威としての教科書に忠実な教授法は、従順な女性観にふさわしいものだった。しかしまさに「生意気ニナリ易イ」年頃の女学生であるらいてうにとっては、苦々しいものだったのである。

▼**条約改正**　一八五八(安政《あんせい》五)年締結の日米修好通商条約など、不平等条約の改正。居留外国人に対する領事裁判権(治外法権)の撤廃と、関税自主権の回復を主要課題とした。

▼**鹿鳴館**　一八八三(明治十六)年、政府が東京麹町区に設けた外国人接待用の社交クラブ。そこで開催された舞踏会やバザーなどが、民権《みんけん》論者や国粋《こくすい》主義者に批判された。

経済的自立への憧れ

当時のお茶の水女学校は一学年四〇人ほどだった。旧大名家《だいみょうけ》や政府高官の家など上流家庭の娘もいたが、一般家庭出身者もいて、その境遇はさまざまだった。学校が教えるように、結婚して家庭に入る将来を疑わない同級生も多かったが、明は違った。結婚などしなくても、将来何かで身を立てたいと考えたのである。これは必ずしも珍しいことではなかった。

お茶の水女学校の前身、東京女学校の卒業生である三宅花圃《みやけかほ》▲が一八八八(明治二十一)年に発表した『藪《やぶ》の鶯《うぐいす》』という小説には、一生懸命に勉強しても結婚して奥様になれば面倒だ、独立して美術家になりたいと将来の希望を述べる女学生が出てくる。明の周囲にもそんな夢を語る仲間がいた。歴史で学んだ倭寇《わこう》の自由奔放な活動に憧れ、自分たちで海賊組《かいぞくぐみ》と名乗った五人組である。このうち二人は上野にあった官立の東京音楽学校▲に進み、上原喜勢《うえはらきせ》はピアノを、永田《ながた》そのはバイオリンを専攻して卒業した。またほかの二人は教職を志し、女学校卒業後はそのまま女子高等師範学校に進んだ。このうち小林郁《こばやしいく》は技芸科(家事専修科)を出て高等女学校の裁縫・家事の教師となり、市原次恵《いちはらつぎえ》は保母養成所

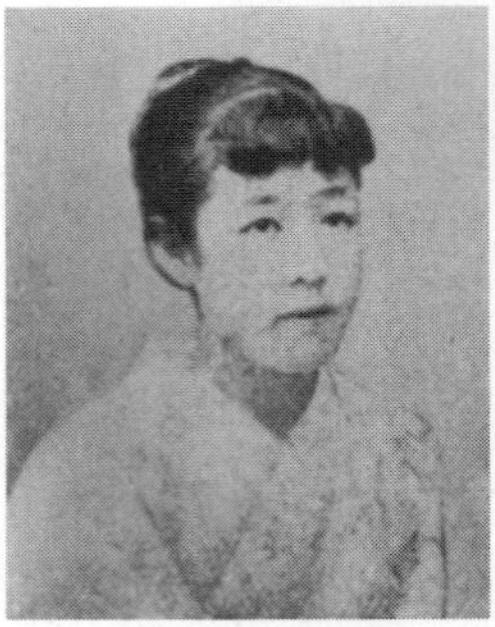

三宅花圃

▼**三宅花圃**　一八六九～一九四三。旧幕臣の娘、本名田辺龍子《たなべたつこ》。近代女性作家の先駆け。夫はジャーナリストとして知られる三宅雪《せつ》嶺《れい》(一八六〇～一九四五)。

▼**東京音楽学校**　一八八七(明治二十)年設立の国立音楽学校。前身の音楽取調掛《とりしらべがかり》(のち音楽取調所)も、近代音楽の研究や音楽教育普及のために伝習生《でんしゅうせい》を養成した。東京芸術大学音楽学部の前身。

（保育実習科）を出たあと、女子高等師範学校附属幼稚園と日本女子大学校付属幼稚園の保母をつとめた。まだ目標の定まらない明にとって、友人との語り合いは刺激となったことだろう。

そもそも当時は、上級学校に進むこと自体、簡単ではなかった。一般には高等女学校が女子教育の最終段階と考えられていたからである。前述の『藪の鶯』には、女子に学問をさせないほうがよいとの説が紹介されている。それというのも、学問がある女は教師になり「男なんかにひざを屈して。仕《つこ》ふまつッてはゐないは子《ね》ー」などと考えるので、家庭に入って子どもをもとうとしない、「愛国心がない」状態になりがちだからだという。五人組の場合、ピアニストをめざした上原喜勢の父は、東京音楽学校の校長だった。当時、西洋音楽は「国民の道徳を維持し品位を高める為」に必要なものであったし、東京音楽学校にはこの分野で日本初の官費留学生となり同校教授をつとめていた幸田延《こうだのぶ》▲など、女性音楽家もいたので理解があったのだろう。高等女学校の教師となった小林郁の場合は、郁が家計を支えなければならないという切迫した事情があった。高等女学校の教師は、当時の女性にとっては数少ない待遇のよい職業で、女子高

▼幸田延　一八七〇〜一九四六。ピアノ・バイオリン奏者。音楽取調所卒業後、アメリカ・オーストリアに留学。兄は作家の幸田露伴《ろはん》（一八六七〜一九四七）。

等師範学校ならば、官費支給を受けつつその資格をえることができた。

ただ専門教育を受けたあとで仕事を続けられるかどうかは、やはり家庭の事情に左右された。保母となった市原次恵の場合、弟の結婚話が出たのを機に、退職して結婚し家を出るよう、家族に強くうながされたという。父の盛宏《もりひろ》は同《どう》志社《ししゃ》英学校出身で、銀行畑から横浜市長に転じ、朝鮮銀行▲の初代頭取もつとめた名士だった。当時は欧米でも日本でも裕福なら家は息子に継がせ、娘は良家に嫁がせるのが望ましかったから、当然の反応といえた。

明の場合、一九〇三(明治三十六)年三月の卒業を前に日本女子大学校への進学希望を打ち明けたところ、教育熱心だったはずの父に激しく反対された。

『女子教育』への感銘

明が進学を希望したのは、日本女子大学校の創設者であり校長をつとめる成《なる》瀬仁蔵《せじんぞう》▲が一八九六(明治二十九)年に著わした『女子教育』を読み、深く感動したからだった。成瀬の主張は、女子に必要なのは、人として、婦人として、国民としての教育だというものだった。

▼**朝鮮銀行**　一八七八年設置の第一国立銀行釜山《プサン》支店に起源をもつ特別銀行。韓国併合後の一九一一年設立。朝鮮における紙幣発行業務などを担当した。

▼**成瀬仁蔵**　一八五八〜一九一九。長州出身。キリスト教の牧師、女子教育者。日本女子大学校を創設。

成瀬仁蔵

長州《ちょうしゅう》藩の下級藩士の子に生まれた成瀬は、郷里で小学校教員をしつつも、国家のために自分は何をすべきか模索していたところ、同郷の先輩でキリスト教の宣教師《せんきょうし》となっていた沢山保羅《さわやまぽうろ》に導かれ、大阪に出て洗礼を受けた。そして教会信者の子女を対象とした梅花《ばいか》女学校で教えたことをきっかけに女子教育に関心を深めた。神のもと人は平等であるという教えと、異国で活動する宣教師を支える妻や娘との交流とから、それまでの儒教《じゅきょう》的な男尊女卑《だんそんじょひ》の考えを改めただけでなく、人としての真価を発揮するために必要な教育の重要性を考えるようになったのである。さらに、女子教育研究のため一八九〇(明治二十三)年に渡米する船中で、アメリカ人と日本人の体格差に愕然とした経緯もあり、成瀬は自分の天職を「吾か日本全体の家庭を通じて即ち Convert して日本社会を救ふにあり」と定めた。そして一八九四(明治二十七)年に帰国するまで、アメリカ各地の女子大などを視察した成果をふまえつつ、日本社会を改良するために何をすべきか訴えたものが『女子教育』だった。

成瀬は、日本の歴史と現状、そして学生の知力に適した教育を行うことをこころがけた。そのうえで女性が生涯のさまざまな局面に応じて個人としても社

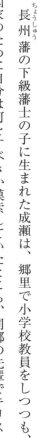

『女子教育』(一八九六年)

会の一員としても積極的に生きることができるよう、「心身の能力を十分に開発し、高尚有為の人たらしむる」高等教育をめざした。それが人としての教育であり、実用的な家事の技術にかたよったものではなく、広い視野をもつことができるような、外国語を含む教養教育を基本にすべきだと主張した。次の段階が、婦人としての教育である。これは多くの女性にとっての天職である、良妻賢母となるために必要な教育だった。具体的には、家庭を基礎として社会へも徳育《とくいく》感化を勧められる道徳、新時代の子女の教育と家政運営を行うための家政学の知識芸能、また健全な子女を生み育てるうえで欠かせない体質向上のための体育、が内容だった。最後に国民としての教育がある。非常時の銃後の備えはもちろん、平常時も教育や貯蓄の面で女子の役割は大きい。また寡婦になる可能性もあるのだから、一芸一能をもち独立自活の能力をもつことができるようにするための専門教育、実業教育が必要だとした。そして自発性をうながす教育法をとることが重視された。

ちょうど一八九四年には日英通商航海条約の締結で治外法権《ちがいほうけん》の撤廃と関税自主権の一部回復が実現し、翌年は日清《にっしん》戦争に勝利、これまでの近代化施策の成

日本女子大学校時代のらいてうと「海賊組」 左から市原次恵、らいてう、梅沢（小林）郁、上原喜勢。一九〇四（明治三十七）年。

日本女子大学校の校舎

日本女子大学校生による日本式バスケットボール

広岡浅子

果が目に見えるものになりつつあった。女子高等教育機関に関しても、時期尚早論がある一方、今後のさらなる国力増進を期して、欧米の動向をふまえてさらに一歩を進めるべきだと、開設に賛同する声も多かった。

　このような状況をみて、成瀬は一八九六年に「日本女子大学校設立之趣旨」を発表した。『女子教育』同様の進歩的内容とともに、反対派への配慮としては「国情国体に従ひ、武士風家庭の精鋭を標的となし、採るべきの長は之を外方にも求め、日本の女徳をして万国の師表たらしめ、日本の家庭をして世界の模範たらしめんとの一大抱負を懐いて鋭意之に従事」すること、つまり日本の美風を取り入れた教育を行うと表明した。

　資金集めは、成瀬と、その同志で二代目校長となった麻生正蔵《あそうしょうぞう》のほか、長州出身の大阪府知事内海忠勝《うつみただかつ》、奈良の大山林地主で梅花女学校の生徒父兄でもあった土倉庄三郎《どくらしょうざぶろう》、大阪の女性実業家広岡浅子《ひろおかあさこ》▲ら、ごく初期からの支援者が中心となって担った。その結果、日本女子大学校は、創立委員長近衛篤麿《このえあつまろ》▲（のち大隈重信《おおくましげのぶ》）ほか、伊藤博文などの著名な政治家や財界人、資産家などの寄付金をもとに、一九〇一（明治三十四）年四月、三井《みつい》家が寄付した東京目白台《めじろだい》の土地

▼**広岡浅子**　一八四九～一九一九。京都の出水《いずみ》三井家に生まれ大阪の豪商《ごうしょう》加島屋《かじまや》広岡家に嫁ぐ。大同《だいどう》生命設立など家業を指揮する一方、社会事業にも尽力した。

▼**近衛篤麿**　一八六三～一九〇四。政治家。公爵。ドイツ留学後、貴族院議員。この当時は学習院長、貴族院議長をつとめていた。

に開校した。第一回の入学者は予想をはるかに超え、家政・国文・英文の三学部の一年生と付属高等女学校の各学年生徒で五〇〇余人にのぼった。

明が英文科へ進みたいと打ち明けたところ、父は「女の子が学問をするとかえって不幸になる」、「親の義務は女学校だけで済んでいる」と強く反対した。実際、年子の姉孝は女学校卒業後、それまでの琴や茶の湯の稽古に加え、ドイツ語やバイオリン、短歌、『源氏物語《げんじものがたり》』の勉強などの習い事をして日々をすごしていた。しかし結局、明の頑固さを知る母がとりなし、家政科であればと父の許可が出て、一九〇三(明治三十六)年四月、明は第三回生として日本女子大学校へ入学した。同期入学者数は家政学部一二七人、国文学部八五人、英文学部三四人、英文予科二五人だった。翌年、明が入ったのだからと進学を勧められた姉は、国文ならばといって入学した。

日本女子大学校での学び

当時の女子大学校には、高等女学校を出たばかりの者、元教員や既婚者、寡婦《かふ》など多様な学生が、強い意欲をもって各地から集まっていた。明は、彼女た

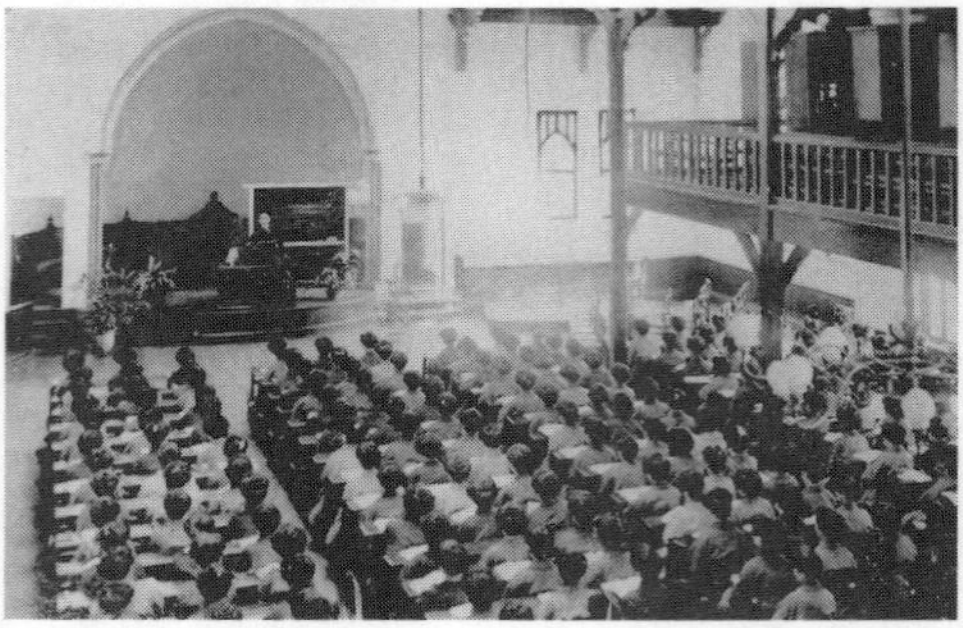
成瀬校長の「実践倫理」の講義

▼**奥田義人**　一八六〇～一九一七。東大法学部卒。特許局長、法制局長官など歴任し、法典編纂にも尽力。貴衆両院議員や中央大学学長、東京市長もつとめた。

ちの方言や質素な身なりに当初はとまどったが、まもなく着物を地味な柄にかえ、髪型も改めて大人びた姿となった。

成瀬校長が、新入生全員に説く「実践倫理」の講義が、学内に熱をおびた雰囲気をつくりだしていた。らいてうはこれを「精神的教養の指導学科ともいうべきもので、その内容は、女子大の教育方針をはじめ、宗教、哲学、倫理など多岐多方面の話題にわたり、いわば、成瀬先生ご自身の信念と、その世界観をぶちまけたような講義」と評している。初回に「自学、自習、創造性の尊重」が説かれると、高等女学校時代のもやもやとした不満が解消される思いをし、以来きちんとノートをとっては整理し、授業後の質問や図書館での調査を習慣として熱心に学んだ。自学自習の姿勢と、読書熱に火をつけられたこと、これこそ女子大学校で明がえた最大の成果であろう。調理実習など家政科の授業にはあまり興味をもてなかったが、選択科目を広く認めて卒業論文以外は試験もないという制度をおおいに利用し、西洋哲学史・西洋美術史・日本史・西洋史・漢文などを熱心に学んだ。「奥田義人《おくだよしと》▲博士の「民法」を聴講し、主として親族篇と相続篇に規定された女性（妻および母）の地位の惨めさを知っておどろいた」のはこの時である。

明は運動にも熱心に取り組んだ。女子大学校では、全学部で体育が必修科目だった。欧米の女子大での取組みを参考に、優れた学問をおさめるには身心の健康が必要であり、健康維持のためには野外活動で新鮮な空気を補給し、体を拘束しすぎない適切な服装を身につけ、定期的な運動が必要だと考えたからである。体育の授業では、「自治・自動の精神を涵養すること」をねらいに、表現性を追求するダンス、自転車のような技術的運動、バスケットなどの競技スポーツが行われ、毎年秋の運動会で、その成果が披露された。和服に揃いの袴を履き自転車に乗る姿、足首までのセーラー服型体育着でバスケットボールをする姿などはもの珍しく、明が一年生当時の運動会は、来場者が五〇〇〇余人にもおよんだという。授業外でも運動したい学生がふえた結果、体育会も結成された。明は長沼智恵子《ながぬまちえこ》▲とよくテニスをし、また家政科と文科の対抗バスケットボール試合にも出るなど、運動を楽しんだ。

ところが明は、女子大学校の方針に違和感を覚えるようになった。原因は、一九〇四(明治三十七)年、二年生の初めに入った寮での生活である。日本社会

▼長沼智恵子　一八八六〜一九三八。福島出身。日本女子大卒業後、専門的に洋画を学ぶ。彫刻家で詩人の高村光太郎《こうたろう》と結婚後も創作を続けたが、精神を病み没した。

高村（長沼）智恵子

の改良を担う良妻賢母教育を掲げる女子大学校では、寮が擬似的な家庭として重要な教育施設とみなされていたからこそ、明も入寮したのだが、期待ははずれた。落ち着いて勉強できず、ほかの寮生が不勉強にみえて仕方なかったこと、学生同士の切磋琢磨《せっさたくま》を期待して奨励されていた勉強会にあまり意義を見出せず、自習する態度を利己的と非難されたこと、などが理由だった。結局、体調を崩したのを機に、その年末、明は退寮した。

他者との対話を強いられる寮生活への失望は、この頃、明の興味・関心が内面に向かっていたことで増幅された面もある。明は「神とはなにか、我れとはなにか、真理とはなにか、人はいかに生きるべきかというような問題の追究に、休みなく駆り立てられているように思」い、学校の図書室で宗教や哲学、倫理関係の本や雑誌を手当り次第に読み漁ったという。

じつは当時、そんな学生は少なくなかった。一九〇三(明治三十六)年五月、第一高等学校生徒の藤村操《ふじむらみさお》が日光華厳《にっこうけごん》の滝《たき》に飛び込んで死ぬと、彼が残した「万有《ばんゆう》の真相は唯一言《ただいちげん》にして悉《つく》す、曰《いわ》く「不可解」、我この恨《うらみ》を懐《いだ》いて煩悶終《はんもんつい》に死を決す」という言葉を唱えたり、後追い自殺を試みたりする者が続出した。

宗教に答えを求めようとする者も多く、女子大学校にもキリスト教や仏教の教えに近づく学生がいた。明も寮生に誘われ、キリスト教の本郷教会にしばらくかよったが、いくら聖書を学んでも信じきれなかったという。

そんな一九〇五(明治三十八)年の春、キリスト教徒であった綱島梁川《つなしまりょうせん》▲の「予が見神の実験」を読んだ明は、先人の教えや知識を信仰のよりどころにしていた梁川が、「深く内部生活に沈潜するに及びては、一切前人《ぜんじん》の証権《しょうけん》を抛《なげう》ち去つて、自《みずか》ら独立にわが至情《しじょう》の要求に神の声を聴かむとし」ついに神を見たと知り、強い共感と羨望を覚えた。その後、寮生、木村政子《きむらまさこ》を通じて今北洪川《いまきたこうせん》▲老師の『禅海一瀾《ぜんかいいちらん》』を知ると、禅でいう見性《けんしょう》▲の境地こそ自分のめざすものだと感じたのである。洪川老師らの布教活動の結果、座禅《ざぜん》は広まりつつあり、鎌倉円覚寺《かまくらえんがくじ》管長から布教活動を託された両忘庵《りょうぼうあん》釈宗活《しゃくそうかつ》師が日暮里《にっぽり》に開いた座禅道場には、帝大生や女子大生もかよっていた。明もそこで修行に明け暮れ、約一年後、女子大学校を卒業した年の夏に見性を許された。

明が内面の探求に明け暮れていたのは、日露《にちろ》戦争の最中だった。女子大学校では、国民としての女性の重要性を示そうという意図によるものだろうが、包

▼**綱島梁川**　一八七三〜一九〇七。東京専門学校卒。肺結核をわずらいながら評論家、宗教思想家として活動した。「予が見神の実験」は雑誌『新人』に寄稿したもの。

▼**今北洪川**　一八一六〜一八九二。儒学者《じゅがくしゃ》、臨済宗《りんざいしゅう》の僧。儒仏二教の一致調和を趣旨とした『禅海一瀾』を著わす。教部《きょうぶ》省の命で鎌倉円覚寺住持となり、教化につくした。

▼**見性**　仏教用語で、身に本来備わる仏性を見抜いて悟ること。

帯献納などの奉仕活動が盛んに行われた。平塚家にあっても、父は軍事費関係の会計検査で多忙をきわめていたし、戦死した親戚もいた。しかし明の日露戦争の記憶は「小学校時代の日清戦争の記憶よりもずっと希薄な」ものだった。国家や社会に対してあまり関心も生じないまま、一九〇六(明治三十九)年三月、数え二〇歳の春、明は女子大学校を卒業した。卒業論文は家政科の学生としては型破りな内容で、「宗教発達史というような客観的な形を与えて」、「真実の神を求めてさまよい歩いた三年間の心の遍歴」、「自分の歩いた迷路を整理し、神の観念の進化の過程というようなものを書き上げ」たものだった。この時、明は、多くの同級生たちとは違って、まだ自分の天職が何かわからなかった。だからこそ勉強を続けることに決めたのである。

②—『青鞜』の時代

文学への興味

日本女子大学校卒業後の明《はる》は、禅《ぜん》の修行のかたわら両親には無断で、漢文を学びに二松学舎《にしょうがくしゃ》▲へ、英語を学びには女子英学塾▲予科へとかよい、上野《うえの》の図書館やあちこちの講演会にも出かけた。学費は、母からもらう小遣いと、速記の報酬でまかなった。速記の技術は、女子大学校三年の夏休みに、禅を通じてつきあいが深まった木村政子《きむらまさこ》とともに講習に参加して以来、習い覚えていた。

この時期、明は政子と行動をともにすることが多かった。政子は将来アメリカで事業を起こして資金をえ、婦人たちの仕事に自由に使いたいという希望のため、英会話と簿記も学んでいたが、彼女がかよっていた成美《せいび》女子英語学校▲に、明も翌年早々転じた。何か興味深い英書を読んで学びたいと希望する明には、女子英学塾の、英語の諸技能習得を優先する教え方や教科書が、つまらなく思えたからだという。成美の、出欠席もとらない自由な雰囲気のなか、ドイツの作家ゲーテの「若きウェルテルの悩み」などに関する講義を聴き、明は急速に文

▼**二松学舎**　三島毅《みしまつよし》（中洲《ちゅうしゅう》）が一八七七(明治十)年に設立した漢学塾。らいてう在学の頃は男子学生一二〇人余に対し、女子は数人のみだった。

▼**女子英学塾**　開拓使《かいたくし》派遣留学生だった津田梅子《うめこ》が一九〇〇(明治三十三)年に設立。当初塾生は一〇人だったが、らいてう在学時は一二〇人余。津田塾大学の前身。

▼**成美女子英語学校**　麴町区飯《いい》田《だ》町のユニヴァサリスト教会付属の学校。

学への関心を深めた。

背景には、前年の夏、見性《けんしょう》を許されて以来の変化があった。「心は透明に澄み切り、無限大にひろがっていますし、からだはあってもなきが如くで、不思議なほど身軽ですし、疲れというものをまったく感じない」ようになったという。興味の対象も一変し、「抽象的、論理的なものからまったく気持が離れ」、「現実の具体的な世界、人間社会の葛藤《かっとう》がむしろ興味の対象となって」いた。政子と二人で芝居や寄席《よせ》、娘芝居や義太夫《ぎだゆう》などを見物したり、飛鳥山《あすかやま》など近郊の名所や、吉原《よしわら》や浅草《あさくさ》といった盛り場などにも足を伸ばしたりした。いつも低く履いた袴《はかま》に日和下駄《ひよりげた》という、楽ではあるが着崩した感じの格好をしていた二人は、女子大学校同窓会である桜楓会《おうふうかい》会長の井上秀《いのうえひで》▲に呼ばれ、母校の名誉を傷つけるなと小言をいわれたという。

ところが家庭では、明はなんらとがめられなかった。その理由を後年、本人は、この年の冬に姉の孝《こう》が婿をとって平塚家を継いだこと、そして両親が自分を深く信頼していたことによるのだと語っている。義兄の米次郎《よねじろう》は、平塚家の故郷、紀州《きしゅう》出身の秀才で、養嗣子として第一高等学校から東京帝国大学に進

▼**井上秀**　一八七五〜一九六三。日本女子大学校第一回生。卒業後、欧米留学をへて母校の家政学教授、第四代校長となる。

み、卒業後は逓信《ていしん》省の官吏となった。明は強いて結婚を勧められることもなく、当時の若い娘としては例外的ともいえる自由な暮しを満喫した。

塩原事件

修業と勉強三昧の平穏な生活は、二年たらずで終りを告げた。一九〇八（明治四十一）年三月、明が東京帝国大学英文科卒の森田草平《もりたそうへい》▲と家出し、那須《なす》の山中で保護されるという事件（塩原《しおばら》事件）を起こしたからである。

明と草平は、成美女子英語学校を会場として開かれた閨秀《けいしゅう》文学会で出会った。これは、成美の講師で女流作家の育成に興味をもっていた生田長江《いくたちょうこう》▲が企画し、一九〇七（明治四十）年六月に始まった会である。草平は一高・東京帝大で長江と同級であり、文学仲間の与謝野晶子《よさのあきこ》▲・馬場孤蝶《ばばこちょう》▲らとともに会の講師をつとめていた。受講者は、明ら成美の学生有志と青山《あおやま》（のち山川《やまかわ》）菊栄《きくえ》▲ら外部からの参加者との十数人だった。明はここで晶子の『源氏物語《げんじものがたり》』の講義を聴き、はじめて短歌をつくって添削してもらった。また古典に造詣の深い菊栄に刺激され、『万葉集《まんようしゅう》』『源氏物語』『枕草子《まくらのそうし》』『徒然草《つれづれぐさ》』など主要な国文学作品を精力的

▼**森田草平**　一八八一～一九四九。岐阜出身の小説家。

▼**生田長江**　一八八二～一九三六。鳥取出身の文芸評論家、翻訳家。東京帝国大学哲学科卒。

▼**与謝野晶子**　一八七八～一九四二。大阪出身の歌人、詩人。堺《さかい》女学校卒。評論や『源氏物語』口語訳など、多彩な活動のかたわら多くの子を育て、一九二一（大正十）年、文化学院の創立に参加。

▼**馬場孤蝶**　一八六九～一九四〇。高知出身の英文学者、随筆家。明治学院に学び、慶應義塾《けいおうぎじゅく》大学教授をつとめた。

▼**山川菊栄**　一八九〇～一九八〇。東京出身の婦人運動家、評論家。旧姓青山。夫は社会主義者の山川均《ひとし》。府立第二高女、女子英学塾卒。労働省婦人少年局初代局長。

に読みはじめた。外国文学はもうずいぶん読んでいたが、文章の勉強になるからという長江の勧めで、ツルゲーネフ▲やモーパッサン▲を英文で読むようになり、ポー▲の散文詩などで翻訳も試みるようになった。翌年一月には、会員の創作を集めた回覧雑誌をつくってはどうかという長江の提案に応じ、小説「愛の末日」を書いた。これは高等教育を受けた女性が「恋愛を清算し、独立を決意して、地方の女学校の教師となって」任地に旅立つという内容だった。

草平と明は、「愛の末日」を読んだ草平が、長い巻紙にしたためた手紙を明に送って作品を激賞したのをきっかけに急速に接近した。はじめて明を校外に呼びだした日、草平は当時人気のあった作家ダヌンツィオ▲の「死の勝利」を引いては愛や情熱を熱く語り、一日郊外を連れ回したあと上野の森に戻って、小説をなぞるかのように明の手を愛撫した。しかし明はそのわざとらしさに我慢できず、「本気でやってください。ウソはいやです。もっと本気になって!」と、草平に飛びかかったという。大胆な振舞いをしたものの、性的関係については無知だった明はその後も草平の誘いに応じなかったため、焦れた草平は「殺すよりほか、あなたを愛する道がない」、殺したあと自分は作家として自分の心理

▼**ツルゲーネフ**　一八一八〜八三。ロシアの小説家。農奴制《のうどせい》下の農民生活を描いた『猟人日記』などで知られる。

▼**モーパッサン**　一八五〇〜九三。フランスの小説家。明晰な文体で知られた。『女の一生』などが著名。

▼**ポー**　一八〇九〜四九。アメリカの詩人、小説家。

▼**ダヌンツィオ**　一八六三〜一九三八。イタリアの詩人、小説家、劇作家。耽美《たんび》派として知られた。

がどう変わるかを見極めるのだと、口にするようになった。

そして塩原事件が起きた。その顚末は、明の語るところによると、次のとおりだった。三月二十一日、草平が明に家出を迫り、明は自室の机に「わが生涯の体系を貫徹す、われは我がCauseによって斃《たお》れしなり、他人の犯すところにあらず」と書き残して家を出た。二人は田端《たばた》駅から列車で山に向かったが、家を出たことで肝が据わり、ひたすら雪山をめざしたくなった明と対照的に、草平は無気力なようすとなり、奥塩原温泉の宿から徒歩で山に入ると、自分にあなたは殺せないなどといって動かなくなった。そこで明が先導して山中をさまよっていたところ、翌朝、捜索していた巡査に保護された。二人の発見が早かったのは、草平が田端から、師とあおぐ夏目漱石《なつめそうせき》▲宛にこれからしばらく旅に出るとの葉書を出していたからだった。

事件は、帝大卒の文学士と、会計検査院課長の娘で女子大学校卒業生という二人の経歴や、流行の文学との関係などで世間の興味を引き、多くの新聞、雑誌で取り上げられた。この過程で、明は煙草《たばこ》を吸うすれっからしだとか、西洋流の考えにかぶれ、男をその気にさせては突き放すことを楽しむ女だとか報じ

▼**夏目漱石**　一八六七〜一九一六。東京出身の英文学者、小説家。本名金之助《きんのすけ》。帝国大学英文科卒。イギリス留学後、母校の講師をへて東京朝日新聞社専属作家に転じた。

『煤煙』の表紙

▼自然主義　十九世紀後半のフランスに始まった文芸思潮。社会や人間の実態を直視し、醜悪でもかざらずありのままに描写することが重視された。

▼『東京朝日新聞』　一八七九（明治十二）年に大阪で創刊された『朝日新聞』の社主村山龍平《むらやまりょうへい》が、一八八八（同二十一）年東京で創刊。一九四〇（昭和十五）年、『大阪朝日新聞』と題号統一し『朝日新聞』とした。

られた。女子大学校の学監である麻生正蔵《あそうしょうぞう》は、取材を受け、学校の教育方針は個人は社会に貢献してこそ意味があるというもので、身勝手な「美的生活個人主義など」とんでもない、明がこんなことをした元凶は卒業後に親しんだ流行の自然主義文学によるものだろうと語り、女子大学校の教育が悪いのではないと弁明した（一九〇八年三月二十六日『東京朝日新聞』）。当時、女子高等教育に対する社会の目がひどく厳しかったことを考えると、無理からぬ対応だった。同校同窓会の桜楓会からは、明の除名通知が伝えられた。明は東京にいづらくなり、年内の多くを、鎌倉《かまくら》や茅ケ崎《ちがさき》、そして女学校時代の友人で高等女学校教師の小林郁《こばやしいく》が赴任していた長野県松本《まつもと》などですごした。

一方の草平は、私立中学の英語教師の職を失い、漱石のもとで謹慎していた。漱石の指示で明に結婚を申し込んだが拒まれ、その後やはり漱石の指示で事件を題材とした小説「煤煙《ばいえん》」を書き、明の父の強い抗議にもかかわらず、漱石が専属作家となっていた『東京朝日新聞』で一九〇九（明治四十二）年一月から五月にかけ連載し、話題を呼んだ。事件を足がかりに作家として名を売ったのである。

この結果、翌年八月の雑誌『新潮』で「『煤煙』の女主人公平塚朋子《（ママ）》」（朋子はヒロインの名)と取り上げられるなど、明への注目も増した。しかし明の場合、この時世間に広まった悪印象のために後年まで苦労した。相手の男性を誤解させるような行動をとったという理由で、ことさらに女性を非難しがちなのは、当時も現代も変わらない。

だからこそか、若い女性を中心に明の大胆さに憧れる者もあらわれた。『女学世界』▲の一九〇八年五月号は、事件を「時代思潮」を映すものとして取り上げ、明の崇拝者にも言及した。またのちに青鞜社《せいとうしゃ》に参加した西崎《にしざき》(のち生田)花世《はなよ》▲は、徳島県の実家で、大阪の叔父が送ってくれた『大阪毎日新聞』▲を読んだ父から事件のことを聞き、なんとなく羨望を感じたあと、まもなく小学校教師の職を辞して上京したという。

『青鞜』の創刊

明に、女性だけの文芸雑誌を出すよう勧めたのは、生田長江である。長江は、塩原事件の後始末に尽力していただけでなく、閨秀文学会を引き継ぐ集まりを馬場孤蝶とともに続けていた関係で、明にとって親しい存在となっていた。

▼**『女学世界』**　一九〇一(明治三十四)年一月創刊、一九二五(大正十四)年まで刊行された、女性向け教養雑誌。

▼**生田花世**　一八八八～一九七〇。小説家。徳島高等女学校卒。

▼**『大阪毎日新聞』**　一八七六(明治九)年創刊の『大阪日報』などを前身に、八八(同二十一)年、改題発行。

日本女子大学校の学寮　楓《かえで》寮の謄写版を使って『青鞜』の趣意書，規約草案が刷られた。

物集邸から事務所を移した本郷区駒込の万年山《まんねんざん》 勝林寺《しょうりんじ》に集った青鞜社員　前列左から田沢操《たざわみさお》，物集和子，清瀬，小林哥津《かつ》，後列左から木内錠子，らいてう，中野初子，石井《いしい》(和田《わだ》)光子《みつこ》，小磯《こいそ》とし。1911(明治44)年12月9日。

明は座禅《ざぜん》と英語の勉強、図書館通いに日をすごし、当初この提案にそれほど興味がわかなかった。しかし、女子大学校での姉の同級生で当時平塚家に寄宿していた保持研子《やすもちよしこ》▲にこの話をしたところ、強く勧められて実行を決意した。研子は姉同様、在学中に結核をわずらい、神奈川県茅ヶ崎にあったサナトリウム南湖院《なんこいん》で療養、卒業後は南湖院を手伝いながら職を探していた。

計画の大枠は、明と研子が下相談のうえ一九一一(明治四十四)年五月二十九日に長江を訪ねて相談のうえ決めた。「女流文学の発達を計《（ママ）》り、各自天賦の特性を発揮せしめ、他日女流の天才を生まむ事を目的と」して結社し、その機関誌を月一回発行すること、社員は目的に賛同する女流文学者とその志願者および文学を愛好する女子であること、目的に賛同した男子で社員の尊敬に値する者に限り客員とすること、社費を月約三〇銭とすること、などである。社名の「青鞜」は長江の提案で、新しいことをする女という意味のブルー・ストッキングにあやかろうとの考えによるものだった。また明たちの原案にあった「女子の覚醒を促し」という文言を、「女流文学の発達を計り」に変更させたのも長江だった。この年一月に大逆《たいぎゃく》事件▲の判決が出て以来、社会主義者への弾圧が強

▼**保持研子**　一八八五〜一九四七。愛媛県出身。

▼**大逆事件**　天皇暗殺を企てたとして、社会主義者の幸徳秋水《こうとくしゅうすい》らが大逆罪に問われるなどした事件。非公開裁判で、判決後一週間のうちに一二人の死刑が執行された。

まり、社会の保守化が進みつつあった。政治に関心の深い長江はそれを察し、雑誌がより多くの人に受け入れられるよう考えたのだろう。

その後、六月一日に第一回発起人会が開かれ、社名・概則などが認められた。明と研子のほかは、研子の女子大学校の同級で在学中から幸田露伴《こうだろはん》に師事していた中野初子《なかのはつこ》と木内錠子《きうちていこ》、それに明の小学校時代の同級生物集芳子《もずめよしこ》の妹の和《かず》子《こ》だった。初子は『二六新聞』の女性記者第一号で、「婦人と家庭欄」を担当していたが、差別的な職場環境もあって退社したところだった。錠子は『東京毎日新聞』や雑誌『婦人世界』の記者として働きながら小説を発表していたが、前年『ホトトギス』に掲載された「をんな」が発禁処分となっていた。和子は姉芳子とともに夏目漱石門下として『東京朝日新聞』に紹介されており、初子・錠子・和子の三人とも、創作経験は明たちより豊富だった。発起人会からしばらくのあいだ、青鞜社事務所は物集邸におかれた。

このあと五人は手分けして与謝野晶子・国木田治子《くにきだはるこ》・小金井喜美子《こがねいきみこ》・長谷川《はせがわ》時雨《しぐれ》などを訪ね賛助員となってくれるよう頼み、田村俊子《たむらとしこ》・茅野雅子《ちのまさこ》をはじめとする女子大学校関係者らに、趣意書・規約を郵送し加入をつのった。先輩の

▼**中野初子**　一八八六～一九八三。東京出身。

▼**木内錠子**　一八八七～一九一九。東京出身。

▼**物集和子**　一八八八～一九七九。東京出身。国文学者物集高見《たかみ》の娘。跡見《あとみ》高等女学校卒。

▼**『ホトトギス』**　一八九七（明治三十）年創刊の俳句雑誌。夏目漱石の『吾輩は猫である』など、小説も掲載した。

▼**国木田治子**　一八七九～一九六二。小説家。夫は作家の国木田独歩《どっぽ》（一八七一～一九〇八）。

▼**小金井喜美子**　一八七〇～一九五六。翻訳家、小説家。お茶の水女学校卒。兄は、軍医で作家の森鷗外《もりおうがい》。

▼**長谷川時雨**　一八七九～一九四一。東京出身の劇作家。同人誌『女人芸術』や『輝《かがや》ク』を発行し、女性作家を育成した。

女流作家たちはいずれも好意的だった。文学は当時女性が社会的に活躍できる数少ない分野だったが、作品を世に出すには、師事する男性作家や男性編集者の推薦が必要という不自由さがあった。そのため『青鞜』ならもっと自由に作品を発表できると期待できたのだろう。

その他、雑誌発行に必要な編集や印刷所の手配、校正はもちろん、売捌所《うりさばきしょ》となる書店探しや振替貯金口座開設の手続き、宣伝活動も、知人の助言を聞きながら発起人が分担した。新聞社の文芸部に通知し、『女子文壇▲』や『ホトトギス』など文芸誌に交換広告を申し込んだほか、広告代理店を通じて『東京朝日新聞』『読売新聞▲』『国民新聞▲』に広告を出した。固定読者を求めて著名な婦人たちに入会を勧誘する葉書も送った。そして諸費用は、長江の助言もあって明の母に負担してくれるよう頼み、明の婚資としてたくわえていたものから出してもらった。この後しばしば、明は母の援助に救われた。のちに明は、母の理解ある態度は、母が円満な家庭を営みつつも自分の個性を十分には発揮できなかったことに、漠然とした不満をいだいていたからではないかと推測している。

一九一一年六月二十一日の『読売新聞』が「平塚明子物集和子女史等、婦人の

▼**田村俊子**　一八八四〜一九四五。東京出身。日本女子大学校中退。幸田露伴門下。『大阪朝日新聞』の懸賞小説当選を機に活躍。

▼**茅野雅子**　一八八〇〜一九四六。日本女子大学校在学中から歌人として与謝野晶子らと並び称され、のち母校で国文学を講じた。

▼**『女子文壇』**　一九〇五（明治三十八）年一月創刊の投稿文芸誌。大部分が投書欄で、論文・短歌・詩・俳句・小説・はがき文など、多様な作品の発表の場として人気を博した。

▼**『読売新聞』**　一八七四（明治七）年創刊。

▼**『国民新聞』**　一八九〇（明治二十三）年創刊。徳富《とくとみ》猪一郎《いいちろう》（蘇《そ》峰《ほう》）が主宰した。

みにて新に雑誌発行の計画ある由」と報じ、九月一日に『青鞜』は創刊された。ちょうど森田草平が「煤煙」の続編となる「自叙伝」を『東京朝日新聞』に連載中で、話題性は十分だった。創刊号で判明する発起人・賛助員・社員の計三〇人中一四人、このほか表紙を担当した長沼《ながぬま》智恵子《ちえこ》、明の翻訳を手伝った上代《じょうだい》たの▲も、女子大学校の関係者だった。一〇〇〇部刷って品切れとなり、事務所には入社や購読の申込みがあいついだ。

元始、女性は太陽であった

創刊号に掲載された作品は、他の文芸誌同様、詩・短歌・俳句・小説・戯曲・評論・翻訳ものと多彩だったが、とくに反響が大きかったのは与謝野晶子の連詩「そぞろごと」と、明が「らいてう」の名で書いた「元始《げんし》、女性は太陽であった」だった。晶子の連詩は「山の動く日来《きた》る。／かく云へども人われを信ぜじ。／山は姑《しばら》く眠りしのみ。／その昔に於て／山は皆火に燃えて動きしものを。／されど、そは信ぜずともよし。／人よ、ああ、唯これを信ぜよ。／すべて眠りし女《をなご》今ぞ目覚めて動くなる。」と始まる、「力づよい女性讃歌」だった。

▼**上代たの**　一八八六〜一九八二。島根県出身。日本女子大学校卒。当時は英文学部予科教員、のち第六代学長。一九二〇年、婦人平和協会の設立に参加。

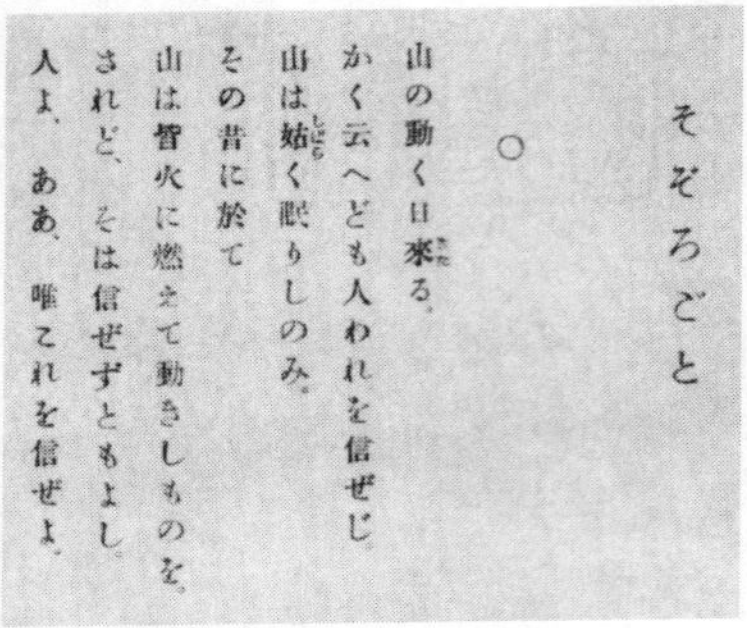
そぞろごと

○

山の動く日來《きた》る。
かく云へども人われを信ぜじ。
山は姑《しばら》く眠りしのみ。
その昔に於て
山は皆火に燃えて動きしものを。
されど、そは信ぜずともよし。
人よ、ああ、唯これを信ぜよ。

「そぞろごと」（与謝野晶子）

一方、「元始、女性は太陽であった」は、創刊の辞として、明が考える『青鞜』の役割を示したものだった。かつて女性は太陽すなわち真正の人としてみずから輝いていたが、現在は他の光に照らされる月のような存在になってしまった、精神を集中し自分のなかに潜む天才をみつけ、ふたたび真正の人になろう、『青鞜』はその志をもつ女性に機会を提供する、という内容である。

とはいえ、作家志望の女性に作品発表の機会をあたえる場という単純な話ではない。天才、真正の人とは男性、女性の区別のない不滅の存在である。そして天才について語るニーチェ▲の、男性に比べて女性は精神的深みに欠けるという言葉を引いたあと「久しく家事に従事すべく極めつけられていた女性はかくて精神の集中力を全く鈍らしてしまった」、だから天才を求める自分は「家事いっさいの煩瑣を厭う」と宣言する。しかし、教育を受け職業をえて経済的に独立することや、参政権などの獲得、男同様の暮し方をめざすことが望みではないともいう。多くの男性が真に解放された存在とはなっていないからである。だから自分のなかに潜む天才の可能性を信じ、女性としてこの世に生まれた幸を喜びたい、そして『青鞜』は当面「天才の発現を妨害する私どものなかな

▼**ニーチェ**　一八四四～一九〇〇。ドイツの哲学者。

る塵埃や、渣滓《さし》や、籾殻を吐出すことによってわずかに存在の意義あるくらいのものであろうとも」よいという、当時としては大胆に「女子の覚醒を促し」た内容だった。明が婦人問題に関する内外の文献を意識的に読みはじめたのはもうしばらくあとのことだったから、この文章にあらわれた女性の不自由さに対する反発や対抗心は、明の実感であろう。

ここで明は、はじめて「らいてう」の筆名を使った。本名を避けたのは、当時はまだ『青鞜』以外に自分が打ち込むべきことがあるのではないかと考えていたのと、父の許しをえずに始めたことで父への気兼ねと母をかばう気持ちがあったからだという。「雷鳥《らいちょう》」は、塩原事件後に身をよせていた信州で見聞きした心引かれる存在だった。優しい姿にも似ず、近よりがたい高山に太古から住むたくましさをもつという雷鳥のイメージは、その後の明の歩みのようだ。本書でも、これよりのちは、らいてうの名を使うことにする。

新しい女

『青鞜』は一九一六(大正五)年の無期休刊までに、計五二冊が発行された。社員として確認できる女性は九〇人ほど、延べ約一六〇人が作品をよせた。小説・詩・短歌・論文など形式はさまざまだったが、女性の切実な思いを表現したものが多かった。恋愛の喜びもあれば、妻が家事責任をおうのは当然と考える夫への幻滅や生活の疲労、当時は姦通罪▲に問われた夫以外の男性に対する妻の恋心、女性同士の恋愛感情、そして独身の職業婦人▲の肩身の狭さなど、内容は多岐にわたった。『青鞜』読者には、高等女学校出身の教師など職業婦人も多かった。女性の立場が今よりむずかしい時代だったからこそ「どうして生きていくかという問題にぶつかつて、それをとつつかまえて、追求するには、文学以外になかつた」(生田花世)という思いをもつ女性たちが、作者や読者として『青鞜』を支えたのだろう。

創刊と同じ月、文芸協会▲が当時新しい試みであった女優を使い、イプセン▲作「人形の家」を上演して評判となった。弁護士の妻であり三人の子をもつノラがある事件をきっかけに、夫が自分を対等の人間として扱わず人形のような愛玩物として扱ってきたことに絶望し家出を決意するという内容である。ヨーロッパやアメリカでは十九世紀後半から、なかなか結婚しようとしなかったり、自

▼**姦通罪**　有夫の女性が、夫以外の男性と性的関係をもった時、その女性と相手方男性とに成立する犯罪。刑法の関係条文は、一九四七(昭和二十二)年に削除された。

▼**職業婦人**　おもに工場労働以外の雇用労働に従事する女性のこと。

▼**文芸協会**　一九〇六〜一三(明治三十九〜大正二)年。坪内《つぼうち》逍遙《しょうよう》が主導した『早稲田《わせだ》文学』再刊と演劇改良運動で著名。女優松《まつ》井《い》須磨子《すまこ》と演出家島村抱月《しまむらほうげつ》の恋愛問題から解散した。

▼**イプセン**　一八二八〜一九〇六。ノルウェーの劇作家。

文芸協会『人形の家』の一場面（一九一一〈明治四十四〉年十一月）

▼**尾竹一枝**　一八九三〜一九六六。富山出身。女子美術学校中退。「吉原登楼」事件が原因で退社。

我に目覚めて強く主張したりする中流階級の女性をヒロインとする文学作品が、数多くあらわれていた。ノラも、そんな「NEW WOMAN」の一人だった。『青鞜』は、らいてうが創刊号に載せた「ヘッダガブラ論」の翻訳をはじめ、欧米の新しい社会動向を反映した戯曲をたびたび取り上げた。そのため翌一九一二（大正元）年には青鞜社といえば「新しい女」というイメージが定着したが、その後急速に、青鞜社と「新しい女」の評判は悪化した。

その最大の原因は、青鞜社員の行動を取り上げた新聞記事だった。『青鞜』の編集後記欄に、社員の尾竹一枝《おたけかずえ》▲が仲間内の気安さでおもしろおかしく書いた文章などから、捏造まがいの記事が書かれたのである。一例が「吉原登楼」事件である。救世軍《きゅうせいぐん》▲などによる廃娼《はいしょう》運動が盛んになっていたこともあり、一枝の叔父で著名な画家の尾竹竹坡《ちくは》▲が、女性問題を考えるなら不幸な境遇の女性を知らなければいけないだろうと、馴染《なじ》みの妓楼《ぎろう》に紹介すると申し出、らいてうと一枝、中野初子の三人で急遽出かけたことが、新聞では不道徳な女たちの奇行として報じられた。売上げを競う新聞によって、「新しい女」は格好の素材にされたのである。

一連の騒動のきっかけをつくった一枝と、それをかばうらいてうに対する非難が起こり、平塚家に石を投げる者もいた。それまで青鞜社員であることを誇りに思っていた者のなかにも動揺が生じ、退社や購読中止の申し出もあった。開催を計画した文芸研究会も、参加者が集まらず中止となった。

婦人問題に取り組む

こうした状況から一九一三(大正二)年以降、らいてうは婦人問題に取り組みはじめた。『中央公論』の新年号では、「自分は新しい女である」と宣言し「新しい女はただに男の利己心の上に築かれた旧道徳や法律を破壊するばかりでなく、日に日に新たな太陽の明徳をもって心霊の上に新宗教、新道徳、新法律の行われる新王国を創造しようとしている」と述べ、女性の立場に配慮した新しい秩序が必要だと主張した。そして婦人問題研究の一環として、エレン=ケイの著作の翻訳に取りかかり、『青鞜』で連載を始めた。また四月号に「世の婦人たちへ」を発表し、自分は良妻賢母《りょうさいけんぼ》こそ婦人の天職という伝統的観念に従うことはできない、なぜなら既婚婦人の多くは結婚によって生活の保障をえようと考え

▼**救世軍**　プロテスタント教会の一派。日本には一八九五(明治二十八)年に伝わり、貧民や労働者に対する伝道に加え、廃娼・禁酒などの社会改良事業や職業紹介事業などを行った。

▼**尾竹竹坡**　一八七八〜一九三六。新潟県出身の日本画家。兄の越堂《えつどう》(一枝の父)、弟の国観《こっかん》も同業。

▼**『中央公論』**　一八八七(明治二十)年創刊の総合雑誌(改題は九九(同三十二)年)。

▼**エレン=ケイ**　一八四九〜一九二六。スウェーデンの思想家。

ているのだろうが、現状では妻の財産権は認められず、姦通罪も妻とその愛人のみが罪に問われるなど、不公平だからと述べた。この文章を収録して五月に刊行された著書『円窓より』は、風俗壊乱の名目で発禁▲処分を受けた。

そしてこの年『青鞜』も、二度の発禁処分を受けた。社会主義者として知られた福田英子《ふくだひでこ》▲の「婦人問題の解決」が掲載された二月号は、安寧秩序妨害にあたるとされた。福田論文は、共産制の実行が婦人問題解決のもっとも重要な鍵だという趣旨で、らいてうにいわせれば、とくに過激なものではなかった。附録に青鞜講演会速記録をおさめた三月号は、風俗壊乱と指摘された。唯一の女性弁士をつとめた社員の岩野清子《いわのきよこ》▲「思想の独立と経済上の独立」が原因と考えられている。清子は、かつて女子の政談演説傍聴を禁ずる治安警察法《ちあんけいさつほう》▲第五条の改正要求を帝国議会に提出した際、助力を求めた貴婦人たちが、夫の考えに依存するばかりでなんら頼みにならず情けなかったこと、また自分が女優となった理由の一つに夫の力を借りずとも生活できる経済力がほしかったことなどを語っていた。

しかし国の言論弾圧に対し、らいてうは屈しなかった。これは新しい動きを

▼発禁　第二次世界大戦前に存在した、社会秩序に害あると判断された新聞・雑誌・書籍などの、発売や無償配布を禁ずる処分。新聞紙法や出版法が根拠とされた。発禁処分の原因は明示されない。

▼福田英子　一八六五〜一九二七。岡山出身。旧姓景山《かげやま》。一八八五(明治十八)年の大阪事件で逮捕、投獄された。一九〇七(明治四十)年に『世界婦人』を創刊、治安警察法改正請願運動に尽力。

▼岩野清子　一八八二〜一九二〇。東京出身。教員や新聞記者などのかたわら婦人運動に参加。文学者岩野泡鳴《ほうめい》との離婚後は、洋画家遠藤達之助《えんどうたつのすけ》と再婚。

▼**治安警察法**　一九〇〇(明治三十三)年制定、四五(昭和二十)年廃止。集会や結社、労働運動の取締りを目的とした法律。第五条は、政治結社への加入と政治集会への参加を禁じる対象に女子も含めていた。

恐れる無智な民衆と、それをはやしたてる新聞の動向をすておくことができずにとられた措置で、恐れるにたりない、自分たちにとってもっとも危険なのは自分の内面に潜む弱さであるから、外的圧迫はこれを淘汰するのに役立つとさえ述べたのである(『青鞜』三巻六号「扃《とざし》ある窓にて」)。

こうしたなか、青鞜社の性格も変化した。創設以来、深い関係のあった生田長江とは疎遠になり、『青鞜』五月号には、今後、長江とは無関係との記事が掲載された。そして九月には概則から「女流文学の発達を計り《(ママ)》」の文言が削られ、青鞜社は「女子の覚醒を促し、各自の天賦の特性を発揮せしめ、他日女流の天才を生まむことを目的とす」るもの、社員は「本社の目的に賛同するのみならず本社の事業を自己の生命とするもの」と改められた。発起人五人のうち、新しい社員として残ったのはらいてうと研子の二人で、その他の顔ぶれも変わった。社費は別に補助団を設けて徴収することにしたが、これは貧しくても社員になれる途を設ける一方、余裕がある者には以前より高い月五〇銭ないしは一円の会費をおさめてもらい社の財政基盤を固めたいという趣旨だった。

▼**奥村博** 一八九一〜一九六四。神奈川出身。日本水彩画研究所で学ぶ。一九一六年に博史と改名。

『青鞜』の委譲

一九一三(大正二)年はらいてう個人にとっても、人生の転機だった。前年知りあった五歳下で画家志望の奥村博《おくむらひろし》▲との愛情を深め、パートナーとしてともに歩むことを決めたのである。博の知人に妨害されると、『青鞜』九月号に公開抗議文を掲載した。さらに翌年一月に親元を離れて、法律上の結婚手続きはとらないまま共同生活を始めるにあたり、「独立するに就いて両親に」(一九一四年『青鞜』二月号)という文章を発表した。当時は親の決めた相手と結婚するのが一般的だったので、自由恋愛の権利を誌上で主張することによって恋する男女の悩みを代弁し、あえて内縁関係を選ぶと公表することで、不平等な結婚制度に対する異議申立てをしようと考えたからだった。当然ながら、これに対する非難は激しかった。

共同生活を始めてみると、その苦労は予想以上だった。絵を売る意欲に乏しい博の経済力はないに等しく、博の作品の頒布会をつくって知人に買ってもらう段取りをするのも、不定期に原稿料を稼ぐのも、らいてうだった。一方、ふと思い立っての買物や外食は多かったから、質屋通いが常だった。もっとも食

▼**伊藤野枝**　一八九五～一九二三。福岡出身。叔父の援助で東京の上野《うえの》高等女学校を卒業。親の決めた結婚をきらい、らいてうの援助で再上京、母校教師だった辻と結婚した。

▼**辻潤**　一八八四～一九四四。札差《ふださし》だった生家の没落で、苦学の末、上野高女で英語教師となるが、野枝との恋愛で退職。困窮のなか翻訳・評論を手がけ、野枝を指導した。

伊藤野枝

事づくりの工夫を、しなかったわけではない。当初は博とらいてう交替で担当したり、青鞜社員の伊藤野枝《いとうのえ》▲と辻潤《つじじゅん》▲夫妻の隣に引っ越して野枝に炊事をまかせたりしたが、うまくいかなかったのである。

ちょうどこの頃『青鞜』関係の業務がらいてうの肩にかかってきた。おもに担ってきた保持研子が運営上の心労もあって体調を崩し、らいてうの勧めで一九一四(大正三)年四月から休養したからである。創刊以来、発行と発売を委託してきた東雲堂とのあいだで編集料の支払いをめぐる行違いから取引が終了し、かわりの書店探しもうまくいかず、売上げは落ち込んでいた。らいてうが編集担当、伊藤野枝が補助団担当、岩野清子が事務担当とはなったが、社の事務所はらいてう宅に移されたため、毎月の欠損の穴埋めや、不意にやってくる読者への応対といった雑用は、らいてうが引き受けざるをえなかった。

こうして一九一四年には、らいてうは疲弊し体調不良に悩まされるようになった。『青鞜』九月号ははじめての欠号とせざるをえず、なんとか十月号を出した直後、らいてうは留守を野枝に託し、博とともに千葉県御宿《おんじゅく》に年内一杯の予定で静養に出かけた。するとその翌月、東京の野枝かららいてうへ、『青鞜』十

山田わか

▼**山田わか**　一八七九〜一九五七。神奈川出身。貧苦から渡米し娼婦となったが、山田嘉吉と結婚し、一九〇六(明治三十九)年帰国。嘉吉の指導のもと、『青鞜』に翻訳や小説を寄稿していた。

▼**レスター＝ウォード**　一八四一〜一九一三。アメリカの社会学者。

▼**『時事新報』**　一八八二(明治十五)年、福沢諭吉《ふくざわゆきち》が創刊。一九三六(昭和十一)年、『東京日日新聞』に併合され廃刊。

一月号とともに、この際『青鞜』の一切を自分で引き受けたいとの手紙が届いた。発起人のうち社に残っているのは事実上自分だけ、最初の出資者という自負もあり、らいてうは悩み、一時は『青鞜』の廃刊まで考えた。二一歳の野枝も生活苦に加え年初に生んだ長男をかかえ、雑誌を託すのはむずかしいと思われたからである。しかし結局、野枝の強い希望をらいてうは受け入れ、翌一九一五(大正四)年一月号の『青鞜』でその旨発表した。

肩の荷をおろしたらいてうは東京に戻り、青鞜社補助団員の山田《やまだ》わか▲の夫で社会学者の嘉吉《かきち》のもと、エレン＝ケイやレスター＝ウォード▲の著作を学んだ。妊娠したこともあり、生活費をえるため四月から『時事新報』▲で塩原事件を素材にした小説「峠」の連載を始めたが、そのうち始まったつわりのつらさと、小説の内容に博がひどく気分を害したのとで、早々に中止せざるをえなかった。一方、博は結核になり、九月から茅ヶ崎の南湖院で療養生活を送ることになった。費用は商店や雑誌社などからの前借りで工面し、東京で仕事しつつ年末に臨月を迎えたらいてうは、母の手配で昔馴染みの女医のもと、長女曙生《あけみ》を出産した。

新生『青鞜』は、社会問題に関心をよせるようになっていた野枝が、「無規則、無方針、無主義」で原稿をつのり原稿選択の責任をおった。女性が生活の糧をえるために望まない性交渉をすることの是非を論じたものや、生活が苦しく望ましい環境で子育てをすることができないからと堕胎して罪▲に問われた女性を描いた小説などは、「貞操論争」「堕胎論争」と呼ばれる議論を起こし、社会的注目をあびた。しかし一九一六(大正五)年二月号を最後に、『青鞜』は無期休刊となった。責任者の野枝が、かねて不和がつのっていた家庭も、『青鞜』の仕事もおきすて、大杉栄《おおすぎさかえ》▲のもとへ去ったためだった。

かつて創刊の辞で「私どもの怠慢によらずして努力の結果『青鞜』の失われる日、私どもの目的は幾分か達せられるのであろう」と書いたらいてうは、『青鞜』の休刊を冷静に受け止めた。その年の十一月、野枝と大杉栄は、南湖院を退院した博と娘とで茅ヶ崎に住んでいたらいてうを突然訪ねたが、らいてうはやつれたように見えた野枝にねぎらいの言葉をかけたという。

▼**堕胎罪**　刑法で規定された、胎児や妊婦の生命・身体を保護するため、人為的に胎児を母体外に分離・排出させる行為を罰する罪。妊婦本人および荷担者が対象。

▼**大杉栄**　一八八五〜一九二三。社会主義者。一九一六(大正五)年、野枝と同棲を始め、多角恋愛関係の縺れから、元青鞜社員神近市子《かみちかいちこ》に刺される。二人は関東大震災後の混乱下、甘粕正彦《あまかすまさひこ》らに殺された。

与謝野晶子

山川菊栄

③—新婦人協会

母性保護論争

母性保護論争は、一九一八(大正七)年から翌年にかけ、妊娠・分娩・育児期の女性が、国に対して経済上の保護を求めることの是非をめぐって行われた論争である。おもな論者の与謝野晶子《よさのあきこ》・らいてう・山川菊栄《やまかわきくえ》には、中流階級の出身で女学校卒以上の学歴をもち、子育て中の母親という共通点があった。

晶子は夫で歌人の鉄幹《てっかん》▲とのあいだに一二人もの子どもをもうけながら、雑誌『明星《みょうじょう》』の廃刊後、不遇時代が長かった鉄幹にかわり、執筆活動で家計を支えていた。晶子は、そんな自分の体験から、雑誌『婦人公論』▲の一九一八年三月号で、女性にとって親となることは、よりよく生きることの一面だから、健康で思慮もあり、たがいに経済的余裕と親になる意欲をもつ成年男女が親となることは望ましいが、境遇や性情により子どもを生まない選択も尊重されるべきであること、だからこそ、出産前後の母子に対し国からの特別な補助は必要ないと主張した。

これに対し同誌五月号で、晶子の主張は特別な才能にめぐまれた一部の人にだけあてはまる理想論だと批判したのが、らいてうだった。第一次世界大戦をへたヨーロッパの状況を例に、不実な男性のため母子家庭がふえているが、母の多くは女子工員のような低賃金で条件の悪い労働に従事しているため、心身健全に育ちがたい私生児▲が、将来の国民の質をおびやかす恐れがあるという説を紹介し、よき子どもを生み、よく育てるという社会的義務を女性が安心してしっかり果たせるよう、国に保護を求めるのは当然だと主張した。

これは、傾倒していたエレン＝ケイの議論に基づくところも多いが、病上がりで経済力の乏しい内縁の夫と二人の幼い子どもをかかえる、らいてうの実感でもあった。晶子への批判を書いたのは、家政婦を雇い、両親の資金援助で東京田端《たばた》に家を買い、ようやく一息ついたところだったのである。

らいてうはまた、女性がさらに労働市場へ進出し経済的自立を果たしても、仕事をめぐる男女間の競争で賃金が一層低下するなら、労働者の家庭はさらに荒廃し、資本家の利益だけが増すことにならないかとの疑問も呈した。

結局、論争は、欧米の婦人運動史に詳しい山川菊栄が、晶子・らいてうの主

▼**与謝野鉄幹**　一八七三〜一九三五。『明星』(一九〇〇〜〇八〈明治三十三〜四十一〉年)を主宰し、浪漫《ろうまん》主義文学運動を推進。一九一九(大正八)年慶應義塾《けいおうぎじゅく》大学教授、のち文化学院創立に参加。

▼**『婦人公論』**　一九一三(大正二)年七月の『中央公論』臨時増刊・婦人問題号が好評だったため、一六(同五)年一月に中央公論社が創刊した女性月刊誌。

▼**私生児**　法律上の婚姻関係にない男女間に生まれた子。当時の民法では父に認知されない子のことをさす。認知された子は庶子。

張は、それぞれメアリ＝ウルストンクラフト、エレン＝ケイという、一〇〇年ほどの時をへだてあらわれた女性解放論者の主張をなぞったものであり、女性が家庭外で働いて経済的独立をえる権利も、労働者が生活を成り立たせるだけの十分な報酬がえられない状況を補うために国の保護を求める権利も、現在の日本ではともに必要であって対立すると考える必要はないとまとめ、一段落ついた。

らいてうにとって、この論争は、より広い視野で社会問題に向きあう契機となった。母となることでより厳しい現実に直面し、これまで視野に入ってこなかった女子工員らと自分とが、同様の問題に直面していることに気づいたのである。

なお母子に対する公的扶助が必要か否かという点では対立した晶子とらいてうだが、二人とも親となるなら、国や社会の発展に貢献できる心身ともに健全な子どもを生み育てることが重要、と考える点で共通していた。これは社会進化論の影響であろう。ダーウィンが『種の起源』を著わした十九世紀後半から、生物について唱えられた適者生存・自然淘汰の見方を社会にもあてはめ、優秀

▼メアリ＝ウルストンクラフト　一七五九〜九七。イギリスの思想家。家庭教師などで自活しつつ、著作で、女性の精神的・経済的独立と男女平等を訴えた。

▼ダーウィン　一八〇九〜八二。イギリスの生物学者。生存競争を通じ環境に適した変異種が保存される自然選択・適者生存という進《しん》化論《かろん》を唱えた。

な民族が他の民族を圧倒する社会淘汰が起こるという考え方が強まった。そして出産・育児は国の命運を左右しうる重大事だという主張、そして遺伝的要因とともに生育環境が子どもの資質を決定づけるという主張が導かれたのである。

論争が行われたのは、ちょうど第一次世界大戦▲が終り、戦後秩序の構築がはかられつつある時期であった。戦車や飛行機といった新兵器が投入され、男女を問わず社会全体が戦争遂行のために一丸とならざるをえなかった総力戦の経験は、参戦国において民主主義の高揚や女性の権利の拡張をもたらした。また悲惨な戦争の再発を防ぐためには、過度の社会不安をもたらすような劣悪な労働環境の改善を国際的に進めるべきだとの考えから、国際労働機関（ＩＬＯ）▲が設立され、第一回総会で「一九一九年の母性保護条約」▲も締結された。

日本ではいまだに批准されていないこの条約を含め、欧米の動向は、戦場から遠く離れた日本にも伝わっていた。そしてこのころ、らいてうは新婦人協会を設立し政治運動に乗りだすが、そのきっかけもこのような問題意識だった。

▼**第一次世界大戦**　一九一四年に勃発し、日本を含む二五カ国が参加した戦争。ヨーロッパを主戦場とし一九一八年に休戦、翌年ドイツのベルサイユ条約締結で一段落した。

▼**国際労働機関（ＩＬＯ）**　ベルサイユ条約に基づき一九一九年設立。加盟国の政府と労使代表とで構成され、各国政府に労働条件の改善などを勧告・指導する。

▼**一九一九年の母性保護条約**　女性労働者の権利として、一二週間の産前・産後休暇と、その間の金銭的および医療給付、解雇されない権利などを規定した。

新婦人協会の設立

一八八九(明治二十二)年に制定された衆議院議員選挙法は、直接国税一五円以上をおさめる満二五歳以上の男子を選挙権者と規定した。当初の有権者は内地人口の一%強にすぎなかったが、その後必要な納税額が一九〇〇(明治三十三)年改正で一〇円以上に、第一次世界大戦後、一九(大正八)年三月、原敬《はらたかし》▲内閣が実施した改正で三円以上へと大幅に引き下げられて有権者が急増した。世界的な民主主義の高潮を背景に、次は納税要件を撤廃した普通選挙だとの声が高まり、与謝野晶子や貴族院《きぞくいん》議員の山脇玄《やまわきげん》▲らは、普選を婦人にもおよぼすべきだと主張した。元来らいてうは、男女同権の一環として婦人参政権を求めることにそれほど価値をおいていなかったが、同年中には政治運動に取り組む決意を固めた。

直接のきっかけは、『国民新聞』で九月に連載した「名古屋地方の女工生活」という記事の執筆である。『名古屋新聞』と中京婦人会共催の夏期婦人講習会で講師をつとめる予定があることから、依頼されたものだった。十月にはＩＬＯの第一回国際労働会議が各国の政府・資本家・労働者それぞれの代表を集めて開

▼**原敬**　一八五六〜一九二一。岩手出身。外務次官、大阪毎日新聞社社長などをへて、一九〇二(明治三十五)年衆議院議員。一九一四(大正三)年立憲政友会総裁。東京駅で暗殺された。

▼**山脇玄**　一八四九〜一九二五。福井出身。官僚、貴族院議員。妻房子《ふさこ》とともに一九〇三(明治三十六)年、山脇女子実修女学校を創設。

名古屋新聞社・中京婦人会共催夏期婦人講習会の記念撮影　らいてうは前列左から五人目。

かれる予定であり、労働条件の改善に世の関心が集まっていた。母性保護論争で女子工員に言及していたらいてうだったが、実際に工場を視察した衝撃は大きかった。紡績工場の記事には、綿ごみと熱気と喧騒に満ちた工場内で働く女子工員の半数を占めるのが、とくに労賃の安い子どもたちであること、彼らが「子供らしい無邪気さも生々しさも愛らしさも消えはて、青黄色い、病人のようなひからびた顔をして」一二時間も紡績台の前に立ち続けるという悲惨な光景に「これが地獄でなくてなんであろう」、「私があなた方の権利を――『子供の権利』を主張してあげます」と心のなかでつぶやいたとある。

このあと、らいてうのなかの「婦人の政治的、社会的な団体運動への衝動が」急速に具体化した。目標は、婦人に不利な封建的諸法制の改廃や、母性保護制度を実現するための婦人参政権獲得だった。そのために各地の婦人団体に呼びかけて婦人同盟を組織し、婦人問題や労働問題などに関する講演会を開き、機関雑誌を発行して一般社会に働きかけるとした。また当事者でありながら権利意識に乏しいと思われる婦人労働者の自覚をうながし、有力な婦人労働組合の結成につなげるため女子工員らを対象にした学校の設立や、種々の活動の拠点

奥むめお

市川房枝

▼奥むめお　一八九五～一九九七。福井出身。一九一九（大正八）年九月、雑誌『労働世界』に紡績工場での女子工員体験記事を発表していた。一九四七（昭和二十二）年参議院議員当選。

となる婦人会館の建設もめざした。

しかし、らいてうに資金や組織のあてはなかった。らいてうとしては『青鞜《せいとう》』の経験をふまえ、雑誌の発行から始めて賛同者をつのり、その後実際の運動に進む心づもりだったが、協力を求められた山田《やまだ》わかはあやぶんで断わった。一方、同時に声をかけられた市川房枝《いちかわふさえ》は、山田夫妻の忠告にもかかわらず協力を承諾した。らいてうは女子大学校の後輩で労働運動にかかわっていた奥《おく》むめお▲にも声をかけたが、むめおは第一子出産後のせわしい時期だったため、まずはらいてうと房枝で、趣意書の作成や組織名の検討といった準備を進めた。

房枝はらいてうの七歳下で、当時二七歳。愛知県の小学校教員を病気でやめたあと、『名古屋新聞』の記者をへて上京し、アメリカにいる兄がわかの夫山田嘉吉《かきち》に学んだ縁で、自分も嘉吉に英語を学ぶことにした。夏期婦人講習会講師の件を持ち込んだのは房枝だったことから、らいてうは工場視察の案内役を房枝に頼み、その人柄や実務能力を知ったのである。

その後、房枝はかよっていたキリスト教の教会に事務所をおく、大日本労働総同盟友愛会《ゆうあいかい》▲婦人部の書記となった。そして第一回国際労働会議の政府代表顧問に、夏期婦人講習会の講師をつとめていた田中《たなか》孝子《たかこ》▲が任命されると個人的に面会し、工場労働の実情を知るため、随員として女子工員の山内《やまうち》みなを同行させるよう提案した。この計画は友愛会婦人部の理事であったみなの了解はえていたが、友愛会男性首脳部が反対したため頓挫した。彼らは、組合の意向を無視して労働者代表を決定した政府のやり方に、不満をもっていたからだった。そこで房枝は婦人労働者大会を企画し、田中顧問の前で山内みなら婦人労働者に演説させた。らいてうや伊藤《いとう》野枝《のえ》も傍聴し大盛況の会となったが、結局、房枝は騒動の責任をとって辞職した。らいてうの誘いは、この直後だった。

十一月、らいてうが大阪朝日新聞社主催の全関西婦人会連合大会に講師として招かれたのを好機に、二人は新婦人協会の創立趣意書などを急いで準備し、大会当日配布して、婦人全体の進歩と権利獲得のため団結するよう呼びかけた。さらに各方面に趣意書を郵送するなどして賛同者をつのり、翌二十年三月二十八日には東京の上野《うえの》精養軒《せいようけん》で発会式を開いた。

この場で、「婦人の能力を自由に発達せしめるため、男女の機会均等を主張すること」、「男女の価値同等観の上に立ちて、其の差別を認め協力を主張する

▼大日本労働総同盟友愛会　一九一二(大正元)年結成の友愛会を、一九(同八)年九月に改称。労資協調主義に立つ修養団体から、労働者の要求を強く訴える団体に性格を改めた。

▼田中孝子　一八八六～一九六六。旧姓高梨《たかなし》。日本女子大在学中に叔父の渋沢《しぶさわ》栄一《えいいち》率いる経済使節団団員として渡米。学位をえて一九一八(大正七)年帰国し、日本女子大教授。夫は哲学者の田中王堂。

友愛会婦人部婦人労働者大会（一九一九〈大正八〉年十月五日） 左かららいてう、田中孝子。らいてうはこの大会後に市川房枝を誘い、新婦人協会設立準備に取り組んだ。

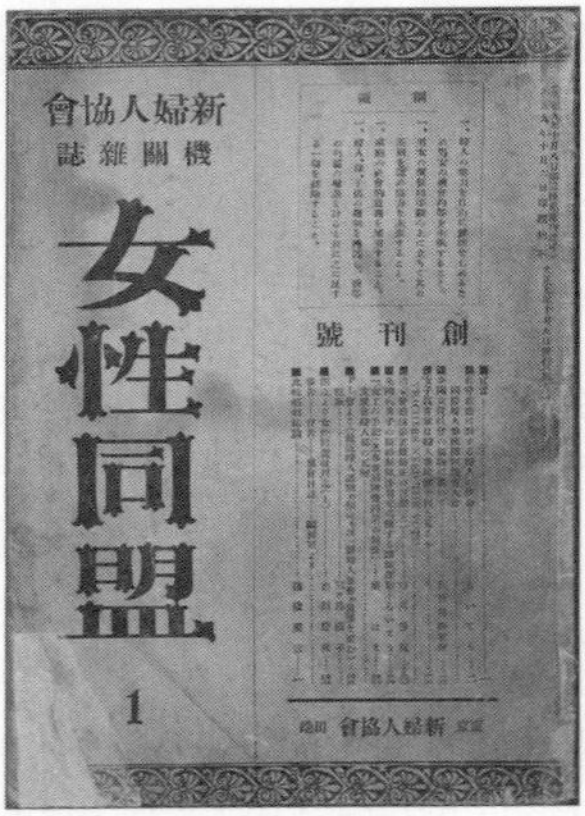

新婦人協会機関誌『女性同盟』創刊号（一九二〇〈大正九〉年十月）

新婦人協会第一回総会 左から三人目らいてう、右端が市川房枝。

こと」、「家庭の社会的意義を闡明《せんめい》▲すること」、「婦人・母・子供の権利を擁護し、利益の増進を計(ママ)ると共に之に反する一切を排除すること」の四項からなる綱領や規約が原案どおり決定された。正会員は月会費五〇銭をおさめる女性であり、理事三人(らいてう・房枝・むめお)と評議員一〇人は女性だった。しかし男性の賛助者も多く、発会式出席者約七〇人のうち二〇人は男性だった。

治安警察法改正運動

協会は、発会式前から活動を始めており、第四十二帝国議会(一九一九年十二月~二〇年二月)に二つの請願▲を提出した。これは治安警察法《ちあんけいさつほう》第五条の改正と、花《か》柳《りゅう》病(性病)をわずらう男子の結婚を制限する法律の制定を求めるものだった。治警法第五条は、政治結社へ加入すること(第一項)や、政談集会の発起人となったり、参加したりすること(第二項)を、軍人や警察官、学校の教員や生徒、未成年者や公権を剝奪されたり停止されている者とならんで女子にも禁じていた。そのため「女子」を禁止対象からはずすよう求めたのである。協会賛助員や各地の婦人会に趣意書と請願用紙を送り、署名のうえ返送するよう依頼し

▼**闡明**　はっきりとあらわすこと。

▼**請願**　憲法にも規定された権利として、日本臣民《しんみん》は男女を問わず、政府または国会に請願書を提出できた。

たところ、日本基督教《にほんキリストきょう》婦人《ふじん》矯風会《きょうふうかい》▲の本部および支部、日本女子大学校同窓会である桜楓会《おうふうかい》の名古屋支部などから、治警法第五条改正で二〇五七人、結婚制限法制定で二二四八人の署名が集まった。治警法改正への賛同署名は、一九〇五（明治三十八）年に平民社《へいみんしゃ》▲関係の婦人らが集めたものの四・五倍に達し、結婚制限法を求める声はそれ以上だった。なお第四十四議会には、これら二つに加えて、婦人参政権を内容とする衆議院議員選挙法改正請願も提出している。

その後、協会の活動は、このうちの治警法改正運動に集中していった。それは結婚制限法の制定に比べ、治警法改正のほうが実現しやすいという房枝の判断によるところが大きい。性病が社会に重大な損害をもたらし対策が必要なこと自体は、第一次世界大戦をへて広く認識されていた。しかし協会の主張は、婚外交渉の機会が多く家庭に性病をもたらす可能性が高いのは男性だという前提で、男性にのみ婚前の健康診断を課し、夫から性病に感染した妻に離婚請求権を認めるものだったため、男性ばかりの議会で賛成者をふやす見込みは低かったからである。

治警法改正については、協力的な議員の助言を受け、請願運動に加えて改正

▼**日本基督教婦人矯風会**　一八八六（明治十九）年、万国基督教矯風運動の勧奨で東京婦人矯風会として発足。一八九三（明治二十六）年改称。禁酒、一夫一婦《いっぷいっぷ》制、廃娼《はいしょう》などに尽力。

▼**平民社**　一九〇三（明治三十六）年、日露《にちろ》戦争に反対する堺利彦《さかいとしひこ》・幸徳秋水《こうとくしゅうすい》らが結成した社会主義結社。弾圧され、一九〇五（明治三十八）年解散。

法律案の提出をめざした。議員を個別に訪問し、超党派の議員での法律案提出を働きかけたところ、会期中に有志議員が協議会開催を計画するところまでこぎつけた。しかし一九二〇（大正九）年二月、男子普通選挙法案が提出されたため、普選漸進論をとる原首相が議会を解散した。協会は、治警法により応援演説はできないため、推薦文の郵送で婦人問題に理解ある候補の応援にあたった。

同年七月召集の第四十三臨時議会では、与党立憲政友会《りっけんせいゆうかい》を除く諸派有志により、協会待望の改正法律案が提出された。提出者は中野正剛《なかのせいごう》▲ほか二人の無所属議員、賛成者には島田三郎《しまださぶろう》▲・尾崎行雄《おざきゆきお》▲らが名を連ねた。改正法律案の議会上程前日には婦人団体有志連合講演会を開催し、当日は協会が動員した一〇〇人が、帝国議会の婦人傍聴席を埋めて世論喚起をはかった。結局、議案は時間切れで廃案となったが、内務省《ないむしょう》警保局長が、政談集会への会同禁止条項は、帝国議会の傍聴が女性にも認められている一例をとっても、廃止当然と答弁したことから、改正は近いと予想された。

議会中らいてうと房枝は、議員訪問と、協会が企画する夏期講習会や講演会の準備などで忙しく、少しでも身軽に動けるよう二人で洋装になった。議会終

▼**中野正剛**　一八八六〜一九四三。一九二〇（大正九）年から衆議院議員。

▼**島田三郎**　一八五二〜一九二三。一八九〇（明治二十三）年から衆議院議員。キリスト教徒。廃娼運動や足尾鉱毒《あしおこうどく》事件などに尽力。

▼**尾崎行雄**　一八五八〜一九五四。一八九〇（明治二十三）年から衆議院議員。文部大臣、東京市長など歴任。

治安警察法改正案の衆議院上程日（『東京朝日新聞』一九二〇年七月二十日五面より）左から、議案説明者の田淵豊吉代議士、市川房枝、らいてう。

了後の十月には、協会の機関誌『女性同盟』を創刊した。一般婦人雑誌ほどの読者が見込めないとの理由で書店に頼れず、乳児をかかえた奥むめおが編集を、房枝が経営事務を、らいてうが資金手当てを担うことになった。十一月には『越後タイムス』主催の婦人思想講演会に招かれたのにあわせ、一〇日間の日程で名古屋・京都・奈良・大阪・神戸・広島県三島《みしま》に出向き、支部開設に向けた会員懇談会を開いた。会場の一つは三島女子師範学校だったが、これをめぐり広島県が女性教員に対して、協会支部の解散や婦人参政権要求に賛同してはならないといった圧力をかけたため、帰京したらいてうらは、内務省や文部省、広島県関係者への問合せなどにも忙殺された。

一九二〇年十二月召集の第四十四議会では、期待に反し治警法第五条改正は実現しなかった。諸派合同での法律案提出はできなかったものの、衆議院では政友会をはじめ各派が改正案を提出、審議の結果、政談集会への参加禁止条項のみ削除するという、もっとも保守的な政友会案が可決された。しかし会期終了間際に行われた貴族院での議事で、ある議員が婦人参政は国体に反すると演説した結果、法案は否決されたのである。協会関係者の落胆は大きく、とくに無理を押して活動していた房枝とらいてうは、一九二一（大正十）年の春から夏にかけ、あいついで運動を離脱した。

運動からの離脱

新婦人協会には多くの人間がかかわっていたが、その顔はなんといっても、らいてうだった。熱烈な支援者がいる一方で、塩原《しおばら》事件や新しい女としてのさまざまな逸話から想像するらいてうを毛嫌いし、それを理由に協会の事業に賛同できないという者も少なくなかった。また当初、協会の事務所が田端のらいてうの自宅におかれたため、幼い二人の子どもと夫の博史《ひろし》も、否応なく協会の活動に巻き込まれた。協会とらいてう一家が不可分の状態であること、それが問題だった。

家族の負担を減らすため、らいてうは一九二〇（大正九）年十一月、敷地内の借家のうち一軒に事務所を移した。借家は、家賃収入をえるために借金で建てたものだったから、家族の空間は確保できた反面、家計はさらに苦しくなった。らいてうが協会の仕事で頻繁に外出し、時には出張せざるをえないことも家族

新婦人協会の頃の一家（一九二〇〜二一〈大正九〜十〉年頃）

を寂しがらせた。房枝や山内みなら協会関係者はらいてうに同情したが、一方で、らいてう一家がピアノやメロンなど収入にみあわないぜいたく品を買うことや、博史が勝手気ままで家計責任を担うそぶりもみせないことを批判したので、これもらいてうを苦しめた。らいてうにとっては、男だから頼りがいがあるべきという価値観自体が無意味だったのだろう。そのうちらいてうは、過労とストレスから頻繁な頭痛と嘔吐、下痢に悩まされるようになった。

一方の房枝にも、納得のいかないことが多々あった。訪問先でらいてう個人に対する批判をたびたび受けたり、協会の赤字続きで給料が出ないため質屋通いをしたり親族の援助を受けたりしたことは、潔癖な性分の房枝にとっては非常な苦痛となった。『女性同盟』の創刊後は、遅れがちならいてうの原稿を催促して激しく対立もした。そのため法案否決後、房枝は渡米を決意した。シアトルには妹が住んでいたし、気分転換がてら、アメリカの婦人運動や労働運動を視察しようと考えたのである。『読売新聞』外報部にいた兄の口ききで、新聞社にアメリカまでの船賃を出してもらい、特派員として記事を送ることになった。六月の第一回総会で協会理事を辞任し、七月末に横浜《よこはま》を出帆した。

この時、らいてうも理事の辞任を申し出たが慰留されてかなわず、肩書を残したまま、静養のため家族で東京を離れた。結局、ふたたび一家が東京に落ち着くのは、一九二三(大正十二)年四月のこととなった。

新婦人協会の解散

新婦人協会の活動は、らいてうに多大な犠牲を強いたが、社会の支持を広く集めることはできなかった。保守層は時期尚早といい、協会と支持層が重なる女子教育家の多くも、時期尚早論か、態度保留にとどまった。一方、社会主義系の人びとは、不況下の大規模ストライキが弾圧を受けるなかで、議会主義への不信を高めていた。たとえば伊藤野枝とともに赤瀾会《せきらんかい》▲顧問をつとめた山川菊栄は、雑誌『太陽』▲七月号で、婦人労働者の苦境を打開するには資本主義の打倒以外の道はなく、婦人参政権運動は無意味であること、新婦人協会のようなブルジョア婦人と無産階級婦人の団結は無理だと主張した。協会理事の奥むめおは、婦人参政権運動は婦人の啓蒙に役立つと菊栄に反論したものの、自分たちの活動が大衆とのつながりに欠けるという自覚、無力感をかかえており、それ

▼**赤瀾会**　一九二一(大正十)年四月に結成された日本初の女性社会主義団体。会員四二人の多くに、社会主義者の家族がいた。

▼**『太陽』**　一八九五(明治二十八)年創刊の総合雑誌。一九二八(昭和三)年終刊。

がのちに他の幹部との対立を生むことになった。

結局、治警法改正法案は第四十五議会(一九二一年十二月〜二二年三月)で可決された。前議会で法案不成立の原因をつくった議員など、貴族院対策に重点をおいたことが、奏功したのである。房枝とらいてうの抜けた穴を埋めようと、残った幹部が協力して資金手当てや議会対策に尽力したが、幹部同士や、本部と地方支部との関係は円滑さを欠いた。その結果、大阪支部は会期中に独立を宣言し、改正法の施行後に東京本部が開いた祝賀会では、奥むめおが依頼した、労働婦人代表としての山内みなの演説が、他の幹部に阻止された。

後継者としてむめおに期待していたらいてうは、一連の出来事を聞き、深く憂慮した。らいてうには、自分と協会とが一体として世に理解されているという認識があった。しかし健康不安のため、直接協会の建直しに乗りだすつもりはなく、むめお以外の誰かに協会をまかせるあてもなかった。協会に名称変更を求めても認められなかったため、一九二二(大正十一)年十二月、声明書で協会の解散を宣言した。身勝手だとの批判もあったが、らいてうにほかの選択肢はなかった。

協会解散後、元幹部たちは「婦人連盟」、「婦人参政同盟」、「女性新聞」などを起こし活動を続けたが、らいてうは家庭生活に無理のない別な道を選び、社会運動とはしばらく距離をおいたのである。

④—よき母として

帰京と罹災

らいてう一家は一九二三(大正十二)年四月から、ふたたび東京に腰を落ち着けた。二人の子どもを成城《せいじょう》小学校に入学させるためだった。同校は澤柳政太《さわやなぎまさた》郎《ろう》▲が、従来の画一的教育の改良をめざす新教育運動の実験的学校として、一九一七(大正六)年に設立、月八円の高額な授業料でも知られていた。ちょうど新婦人協会時代からの借金を返すため田端《たばた》の貸家を手放したところで、一家に経済的余裕があるわけではなかったが、教育内容を重視しての決断だった。四月に長女を、九月に秋組として長男を入学させると、「ブルジョワ的」との批判も受けた。なお、一九二五(大正十四)年に博史《ひろし》が成城学園の絵画教師になると、子どもたちの授業料は無料となった。

同年九月一日、関東大震災が発生し、地震とその後の火災などで一〇万人を超える死者・行方不明者が出た。らいてう一家が住む千駄ケ谷《せんだがや》周辺の被害は比較的小さかったうえ、地震発生時に家族全員が在宅していたこともあり、震災

▼**澤柳政太郎** 一八六五〜一九二七。文部次官、東北帝大および京都帝大総長、帝国教育会会長などを歴任後、成城小学校を創設。

▼**甘粕正彦** 一八九一〜一九四五。陸軍軍人だった時、大杉栄らを殺害した件で懲役一〇年の判決を受けたが、一九二六(昭和元)年釈放。のち満州国《まんしゅうこく》官僚、満州映画協会理事長。敗戦後に自殺。

▼**三宅やす子** 一八九〇〜一九三二。小説家、評論家。お茶《ちゃ》の水《みず》高女卒。夏目漱石《なつめそうせき》に師事。雑誌『ウーマン・カレント』主宰。

の惨状については東部方面から帰宅した隣人や避難民の話、あるいは遠くの夜空をこがす炎から想像するだけだった。他方、自警団や軍・警察などによる朝鮮人や中国人、社会主義者らの殺傷事件が各地で発生した。元青鞜社員《せいとうしゃ》の伊藤《いとう》野枝《のえ》も、夫の大杉栄《おおすぎさかえ》とともに甘粕正彦《あまかすまさひこ》▲憲兵大尉《けんぺいたいい》らにより殺害された。

罹災民救護などのため、多くのボランティア団体が結成されるなか、らいてうも災害救済婦人団に参加した。らいてう同様、被災程度の軽かった三宅《みやけ》やす子・▲中条百合子《ちゅうじょうゆりこ》▲・坂本真琴《さかもとまこと》▲ら八人の女性が発起人となった団体で、地方演説会やパンフレットの刊行などで物資を集め、罹災者の慰問救済にあたった。地方出張ができなかったらいてうは、パンフレット『八つの泉』に「新帝都の基礎」という文章を書いた。

そのなかで注目されるのは、望ましい環境をつくるためには、私的権利を一部制限しても仕方ないという社会的連帯の重要性を訴えたことである。根底には、地主の権利を適切に制限して道路の拡幅や公園整備など都市基盤の整備をし、また各自が責任をもって建築物の耐震・耐火措置を講じていたならば、被害をもう少し小さくすることができただろうという認識があった。そして震災

▼**中条(宮本《みやもと》)百合子**　一八九九〜一九五一。小説家。お茶の水高女卒。日本女子大中退。一九三〇(昭和五)年、日本プロレタリア作家同盟に加盟、翌年、日本共産党に入党。夫は共産党指導者の宮本顕治《けんじ》。

▼**坂本真琴**　一八九九〜一九五四。静岡出身の婦人運動家。共立《きょうりつ》女学校卒。青鞜社員。新婦人協会会員として運動後期を支えた。

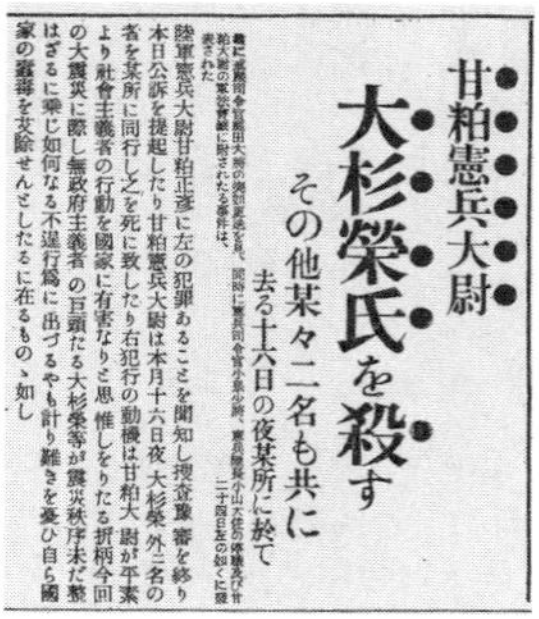
甘粕憲兵大尉
大杉榮氏を殺す
その他某々二名も共に
去る十六日の夜某所に於て

戒厳司令官福田大将の更迭を見、同時に憲兵司令官小泉少将、東京憲兵隊長小山大佐の停職及び甘粕大尉の軍法会議に附されたる事件は、二十四日左の如くに発表された

陸軍憲兵大尉甘粕正彦に左の犯罪あることを聞知し捜査豫審を終り本日公訴を提起したり甘粕憲兵大尉は本月十六日夜大杉榮外二名の者を某所に同行し之を死に致したり右犯行の動機は甘粕大尉が平素より社會主義者の行動を國家に有害なりと思惟しをりたる折柄今回の大震災に際し無政府主義者の巨頭たる大杉榮等が震災秩序未だ整はざるに乗じ如何なる不逞行爲に出づるやも計り難きを憂ひ自ら國家の害毒を芟除せんとしたるに在るもの、如し

甘粕事件を報じる記事(『朝日新聞』一九二三年九月二十五日付)

直後には美しい共助の活動が見られたけれど、二カ月以上たってみると私利追求の動きがまたも活発だとなげき、「新帝都再建のための最も大切な基礎工事」は、「共同生活体たる都市と個人の生活との間の関係を悟り、新社会生活の基礎たるべき社会連帯の原理を各自の心に体得することによって、市民として目醒めること」だから、社会的連帯の大切さを大人にも子どもにもうえつけるため、「教育の改善、わけても国民教育の改善と共に市民教育の勃興を望まずにはゐられません」と主張したのである。

震災を機会に「あらゆる方面に於て国家社会主義的政策の実施を見ることを願ってゐる」というらいてうは、「この際市が大英断をもって土地の私有を禁じ、且つ個人使用の土地の広さの上にも可成の制限を規定したいと望む」とも書いた。これは震災直後に組閣された山本権兵衛《やまもとごんべえ》内閣で内務《ないむ》大臣兼帝都復興院《ていとふっこういん》総裁をつとめる後藤新平《ごとうしんぺい》▲のもと立案された帝都復興計画に、賛意を示したものだろう。当初の計画は、大規模な土地の買収と区画整理を行い、欧米式の最新式都市計画を採用するため、三〇億円を投ずるというものだった。しかし東京・横《よこ》浜《はま》など一地方の復興に膨大な国費を投入することや、私的所有権を大幅に制限

後藤新平

▼後藤新平　一八五七〜一九二九。岩手出身。内務官僚、南満州鉄道《みなみまんしゅうてつどう》株式会社総裁、内務大臣など歴任。一九二〇(大正九)年、東京市長に就任し東京市改造計画を提案していた。

▼久布白落実　一八八二〜一九七二。熊本出身。女子学院卒業後、渡米。日本人牧師と結婚後、一九一三(大正二)年帰国。矯風会初代会頭の矢嶋楫子《やじまかじこ》は大叔母。

▼守屋東　一八八四〜一九七五。東京府立第一高女卒。障害児教育施設や大東高等女学校を設立。

▼婦人参政権獲得期成同盟会
一九二四(大正十三)年に婦選獲得同盟と改称。

久布白落実

守屋東

することへの反発が強く、復興計画予算は大幅に削減された。

婦人運動の分野では、東京連合婦人会の設立が一つの画期となった。これは、東京市社会局から乳幼児や母親に対する支援に協力するよう求められた、日本《にほん》基督教婦人矯風会《キリストきょうふじんきょうふうかい》の久布白落実《くぶしろおちみ》▲・守屋東《もりやあずま》▲らが、既存婦人団体の幹部や女学校の校長に呼びかけて組織したものである。会の活動は、当初の罹災者支援事業から失業婦人対策事業の提案、さらには公娼《こうしょう》廃止、普通選挙など政治的課題の研究へも広がった。そこに翌一九二四(大正十三)年五月の衆議院議員選挙で、第四十五議会に完全普選案を提出していた憲政会《けんせいかい》など護憲三派《ごけんさんぱ》が勝利した。男子普通選挙の実現がほぼまちがいないという事態に力をえ、東京連合婦人会に集った多様な婦人団体の有志が中心となり、同年十二月には婦人参政権獲得《ふじんさんせいけんかくとく》期成同盟会《きせいどうめいかい》▲が結成された。この年一月、震災を知ってアメリカから帰国し、国際労働機関の東京支局員となっていた市川房枝《いちかわふさえ》も参加したが、らいてうは加わらなかった。昭和初年にかけ、らいてうはまだ不安の残る体の調子をみながら、子どもたちや夫に寂しい思いをさせないよう、「ポツポツ筆をとるという生活」を送っていたのである。

らいてうが一九二八(昭和三)年から約一〇年にわたって打ち込んだのが、消費生活協同組合(消費組合)、現代の生協の運営だった。

消費組合運動

消費組合の仕組みは、組合員が出資して、自分たちの必要とする生活物資を生産者または卸商からまとめて割安に購入するというものだ。十九世紀半ばのイギリスで工場労働者の互助組織として誕生したものだが、日本でも日清《にっしん》戦争後、工場労働者や俸給生活者が増加するにつれ広まり、産業組合法▲で購買組合として設立認可されると、税金面での優遇が受けられるようになった。そして第一次世界大戦と関東大震災が、さらなる普及をうながした。大戦による経済発展で急増した労働者や新中間層《しんちゅうかんそう》▲が、物価高騰とその後の不況で困窮し、生活防衛のために消費組合に加入するようになったからで、消費組合(市街地購買組合)数は、一九一四(大正三)年の二五が、一九(同八)年には五六、二四(同十三)年には一二〇となった。

当時、社会の中堅と期待された新中間層をおもな対象に、官民共同で生活改善運動が行われた。生活合理化による支出削減の担い手として、とくに期待さ

▼**産業組合法**　一九〇〇(明治三十三)年公布、施行。中小農民や零細商工業者などの経営支援を目的に、販売・購買・信用・生産の四種の協同組合を規定した。

▼**新中間層**　産業発展にともない必要となった、管理・事務・販売などの非現業部門従事者や専門職。肉体労働者に比べ高給で、思想的には穏健だと考えられた。

▼**吉野作造**　一八七八～一九三三。宮城出身。政治学者。天皇制のもとで、政策決定は民衆の意向に従うべきだという民本《みんぽん》主義を唱えた。キリスト教徒。

成城の家（一九二七〈昭和二〉年）

れたのが主婦であり、合理化の一環として、家に居ながら御用聞き頼みの買い物をするのではなく、市場や消費組合を利用する賢い買物が謳われた。新中間層の家庭の主婦は、高等女学校卒以上の、いわゆる知識階級の婦人と重なった。彼女たちにとって、消費組合への加入は時代の要請だった。一九一九年設立の家庭購買組合では、東京帝大教授の吉野作造《よしのさくぞう》▲や東京帝大基督教青年会の有志らとならび、日本女子大学校同窓会の桜楓会《おうふうかい》有志が発起人となった。奥《おく》むめおや与謝野晶子《よさのあきこ》も、一九二六（昭和元）年設立の別な消費組合に加入していた。消費組合運動がもつ相互扶助的性格も、普及の追い風となった。

らいてうの場合、消費組合に加入した直接のきっかけは、子どもたちを入学させ、博史が絵画教師をつとめていた成城学園が移転し、一九二七（昭和二）年四月、学園分譲地（小田急《おだきゅう》小田原《おだわら》線成城学園前駅）に転居したことだった。近くに商店も少なく、日用品は割高で品揃えも悪いと困っているところへ、東京共働社《きょうどうしゃ》消費組合から勧誘員が訪れた。東京共働社は、もともと小石川《こいしかわ》にあった陸軍の東京砲兵工廠《ほうへいこうしょう》の労働者による消費組合だったが、関東大震災で甚大な被害を受けた砲兵工廠が、福岡県の小倉《こくら》にあった兵器製造所に移転集約される

クロポトキン『相互扶助論』

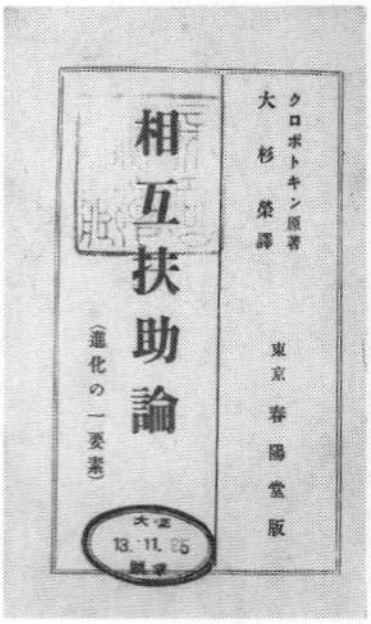

▼クロポトキン　一八四二〜一九二一。ロシアの政治思想家、地理学者。

ことになったのを機に、新規加入者の開拓を行っていたのである。ちょうどクロポトキンの著作を読み、共同組合組織についての関心を深めていたこともあり、らいてうは一九二八年二月に加入した。

当時の日本は不景気が続くなかで大量の失業者が発生し、階級闘争が声高に叫ばれていた。闘争に違和感をいだくらいてうにとって、クロポトキンが説く、生物の種の保存のためにもっとも重要なのは、同種個体間の競争ではなく相互扶助だとの主張は魅力的だった。「消費生活を相互扶助の精神により、協同の基礎の上に建て直すという、平和で、もっとも具体的で、実践的な手段、方法を通じて、資本主義組織を確実、有効に切り崩しながら、同時に協同自治の新社会を建設してゆくこの運動こそ、女性のわたくしには、もっとも魅力的なものであり、一般女性の立場からも参加しやすい運動である」と考えた。そして「消費組合運動を通じて主婦の団結が成立し、ここに充分のよき組織を持ちうるならば、主婦の力は社会的に経済的に、侮りがたき大きな力として現れてくるに相違ない」と期待をよせたのだった。

なお協同自治の新社会への思いから、らいてうは無政府主義社会思想にも共感を示し、高群逸枝《たかむれいつえ》▲が主宰する『婦人戦線▲』に参加した。

　らいてうらは当初、近くの東京共働社豪徳寺《ごうとくじ》支部に属していたが、加入者の急増で、翌一九二九(昭和四)年九月に成城支部を結成した。総指揮格はらいてう、それに専務格の数人の女性が中心となり、勧誘担当だった共働社職員が常任責任者として運営にあたった。一九三〇(昭和五)年七月には、組合員の出資と本部の融資を受けて土地を購入し、二階建ての店舗兼集会所を建て、これを「我等《われら》の家《いえ》」と名付けた。

　成城支部は受注と店売りで米・味噌・醤油・砂糖・鮮魚・野菜・食肉などを扱い、業務は数人の有給従業員に加え、組合員の有志婦人とその家族らで分担した。地元の小売商の妨害や、同じ頃、近くに進出し店舗も構えた家庭購買組合との競合もあったが、さまざまな独自の試みで健闘した。他の組合のように御用聞き方式をとらないのが第一の工夫で、諸所に設けたポストから注文書を回収した。また神田《かんだ》や淀橋《よどばし》などの中央市場を通さず、周辺農家から直接野菜を買い入れようとした。これをらいてうが新聞・雑誌の記事で取り上げ、成城支部は模範組合として評判になった。

▼**高群逸枝**　一八九四〜一九六四。熊本出身。熊本女学校中退。詩人、評論家として活躍後、女性史研究に打ち込む。らいてうらの支援で『母系制の研究』など刊行。

▼**『婦人戦線』**　一九三〇(昭和五)年創刊。無政府主義を奉じる無産婦人芸術連盟の機関誌。高群逸枝が主宰。第二の『青鞜』と唱えた。一九三一(昭和六)年廃刊。

高群逸枝

新渡戸稲造

賀川豊彦

ところが一九三二(昭和七)年には、同支部組合員のほとんどが東京共働社から脱退して、「有限責任消費組合我等の家」を結成し、らいてうが組合長となった。脱退のきっかけは、支部にほとんどの商品を供給していた共働社本部による荷留めだった。背景には、大規模化と中央集権化を進めて経営基盤を強めたい共働社執行部と、組合員の意向を反映した地域独自の活動を重視する成城支部との、方針の違いがあったという。共働社の融資で建てられた従来の店舗は使えなくなったため、ある組合員の家を担保に信用組合から融資を受け、元の店舗のすぐそばに土地を借りて小さな店舗を建てた。しかしその後、中心となって業務を担っていた有給従業員や組合員有志が諸般の事情で働けなくなったこと、日中《にっちゅう》戦争の長期化で経済統制が強まったことから、経営は行き詰まった。そして一九三八(昭和十三)年十二月の臨時総会で、家庭購買組合への合併・解散が決議された。決議事項に署名した役員は平塚明子《はるこ》(らいてう)ら八人の女性だったが、家庭購買組合との折衝はすべてらいてうが引き受けた。

なおこの間らいてうは、東京医療利用組合(協同組合病院)にも参加した。同組合は「現在の営利主義的医療制度を協同組合組織に変革し、中産階級以下の家庭を医療上の不安から救おうとする」もので、一九三二年七月に設立認可を受けた。理事組合長に新渡戸稲造《にとべいなぞう》▲、専務理事に賀川豊彦《かがわとよひこ》▲などが就任し、「家族の保健を担当する主婦の立場」、そして「医療費の過重に悩む無産主婦の立場から」深く共鳴したらいてうは、発起人に名前を連ねた。また、医療組合と提携する常盤《ときわ》生命保険の代理店もつとめている。

働く母としての発言

この時期らいてうは、新聞や婦人雑誌などを舞台に執筆活動を続けていたが、一九二五(大正十四)年の男子普通選挙実現以来、活動に一層のはずみがついた婦選運動とは距離をおいており、以前ほど社会的注目を集めることはなかった。ある意味、第一線から退いたようにみられていたことは、一九三七(昭和十二)年一月三十一日の『東京朝日新聞』が、著名人の「その後の消息」シリーズで、らいてうを取り上げていることからもうかがえる(「今は昔「新しい女」婦人運動に半生を捧げて――よき母の雷鳥女史――」)。

らいてう自身は、二〇余年におよぶ結婚生活での葛藤《かっとう》をへて、共稼ぎ家庭の

▼**新渡戸稲造**　一八六二〜一九三三。岩手出身。札幌農学校《さっぽろのうがっこう》で学びキリスト教に入信。米欧留学後、東京帝大教授、東京女子大初代学長、国際連盟事務局次長などを歴任。

▼**賀川豊彦**　一八八八〜一九六〇。神戸のスラム街でのキリスト教伝道で著名となる。アメリカ留学後は労働運動に参加し、一九二二(大正十一)年には日本農民組合結成に参加した。

妻、母としての自分なりの境地に達していた。それは、夫と子どもたちとをつねに視野に入れ、家庭全体の回転と調和するかぎりで、自分の仕事を静かにあせらずおこたらず進めていく、というものだった。たとえ端から「一歩退却」や「男性への譲歩」とみえようとも、らいてうはそれが「女性として、自然に、人類に深く根をおろした生活だと思」い、自分にとっての最善だと語った。一方で「どこまでも自分の仕事を中心に生き抜き、それを完成しようとする女性は、結婚しないこと、子供を生まないこと」にすべきで、「これはまたすべての女がみずから選ぶことのできる個人の権利であると思」っていた。

そしてらいてうは、引き続き母性保護の諸問題に大きな関心をよせ続けた。不況下で頻発する母子心中事件への対応として、母子保護法▲の制定促進運動が起こると、これに参加した。また女性も家庭を守るために経済力を身につけるべきだから、旧来の結婚観に囚われ、若い女性が職業をもつことに批判的な中流階級や高等女学校関係者は、考えを改めるべきだと主張した。さらに経済的困窮などを理由とした堕胎・避妊の必要性を認め、堕胎罪を規定した刑法改正や産児調節の普及運動にも参加した。このほか、職場における女性の疲弊が家

▼**母子保護法**　一九三七(昭和十二)年三月公布、翌年一月施行。配偶者がなく困窮する母が一三歳未満の子の養育困難な場合、両者ともに保護を与える法律。

▼**無産政党**　労働者の利益擁護を掲げて結成された、合法的社会主義政党の総称。

庭に悪影響をおよぼすという問題に注目し、女性と労働者一般の利害は共通しているのだから、婦選運動家はこれまでの不偏不党方針を改め、男子普選の実現を機に、ふえつつある無産政党と本格的に協力すべきだと唱えた。

戦時下の動向

一九三七(昭和十二)年七月の盧溝橋《ろこうきょう》事件は、日中の武力衝突が全面戦争に拡大する契機となった。翌月、近衛文麿《このえふみまろ》首相は「支那《シナ》を膺懲《ようちょう》する方針」を公式に表明し、国民を戦争協力に動員すべく、国民精神総動員《こくみんせいしんそうどういん》運動も始められた。市川房枝はそれまで戦線の不拡大を願いつつ事態の推移を見守っていたが、「ここ迄来てしまった以上、最早行くところまで行くより外あるまい」と考え、他の婦人団体指導者と相談、九月二十八日に「銃後の護りを真に固からしめんと希ひ」、日本婦人団体連盟を結成した。

多くの人びとが、始まってしまった戦争を受け入れ、今、自分たちにできることを模索した。長谷川時雨《はせがわしぐれ》の主宰する女性向け月刊リーフレット『輝《かがや》ク』に集った、らいてうを含む女性たちも、そうだった。一九三三(昭和八)年四月の創

▼**盧溝橋事件**　盧溝橋付近で夜間演習中の日本軍が、実弾射撃を受けたなどの理由で中国軍と対立したのが発端。内閣は五個師団の中国派遣を決定し、戦線が拡大した。

▼**近衛文麿**　一八九一～一九四五。公爵《こうしゃく》。篤麿《あつまろ》の長男。京都帝大卒。一九一六(大正五)年から貴族《きぞく》院《いん》議員。内閣総理大臣を三度つとめた。第二次世界大戦敗戦後、戦《せん》犯《ぱん》指定を受け自殺。

▼**国民精神総動員運動**　精神教化から始まり貯蓄増加・国債購入・金属回収などへ拡大。町内会・隣組・婦人会などを通じ、とくに女性が動員された。

▼**日本婦人団体連盟**　日本基督教婦人矯風会・婦選獲得同盟・日本女医会など、自主的民間八団体で組織。

岡本かの子

▼**岡本かの子**　一八八九～一九三九。神奈川出身、跡見《あとみ》女学校卒。歌人、小説家。漫画家岡本一平《いっぺい》と結婚・出産後、精神的危機から仏教に帰依《きえ》。息子太郎《たろう》は芸術家。

刊当初、『輝ク』には文学作品や評論のほか、ソヴィエト便りをはじめとする海外通信や、労働関係記事などが掲載された。しかし一九三七年十月の「皇軍《こうぐん》慰問号」以降、兵士や遺族に対する思いあふれる記事がふえていった。

らいてうは一九三七年十一月号によせた「皇軍慰問号を読む」で、「事変以来皇軍勇士の心境に神を見、彼等が現人神《あらひとがみ》にまします天皇陛下に、帰命し奉ることによって、よく生死を超越し、容易なことでは到達し得ない宗教的絶対地に、易々としてはいってゐることにひどく感激してゐたわたし」と書き、慰問号に掲載された岡本《おかもと》かの子▲の散文詩への同感を表明した。兵士たちが「天皇陛下の万歳を唱へて死ぬ時も笑って死ぬといふのも本当でせう。陛下の御稜威《みいつ》のもとにおのづから大悟の境に安住し得る日本人は、思へば何といふ仕合せな国民なのでせう」と書いた部分などは、第二次世界大戦後、戦争を賛美するものと批判された。ただ、座禅《ざぜん》で見性《けんしょう》を許され、生死を超越する境地に達した経験をもつらいてうにとって、新聞などで読んだり話に聞いたりする「皇軍兵士の心境」は、ある意味、共感できるもの、賞賛すべきものだったのではないか。また、戦地に動員された兵士や残された家族に対して、銃後の自分ができることは、せめて出征の意義を認め讃えることしかないと考えるのは、自然な心の動きだったように思われる。

一方、神の子孫とされる天皇のもと、古い伝統をもつ日本を誇らしく思う気持ちは、らいてうが奉じる母性主義にも共鳴するところがあった。同年春、雑誌『新女苑《しんじょえん》』▲でらいてうは、「女性としての生活は個人的なものでなく、また今日のものでもなく、民族の中に、人類の中に、宇宙をつらぬく大きな生命そのものの中に、一つになって生きるところにあり、そこに女の生きる無限の力があると信じている」と書いている。

さらに、天皇への敬愛には、一九四一(昭和十六)年二月に没した父の影響もあった。らいてうは同年五月の『婦人公論』で、父の「皇室を尊び、天皇陛下にひたすらに帰一しまつる純忠の念の深さは、このごろになってようやく日本の国体のありがたさが感じられ、天皇陛下が天照大神《あまてらすおおみかみ》の生き通しの神でいられることが首肯《うなず》けてきたようなわたくしなどには、まだまだ想像も及ばないほど」だったとしのんだ。この父は一九三三年から曙《あけぼの》町の自宅の一部を、皇国史《こうこくし》観《かん》▲で知られる東京帝国大学文学部助教授の平泉 澄《ひらいずみきよし》▲に貸していた。そこにおか

▼**『新女苑』**　一九三七(昭和十二)年一月、実業之日本社が創刊した女性向け月刊誌。

▼**皇国史観**　「万世一系《ばんせいいっけい》」の天皇による統治を日本の特色とし、他国に対する優位性の源泉とみなす歴史観。

▼**平泉澄**　一八九五～一九八四。東京帝大卒。一九二三(大正十二)年から母校で教える。日本中世社会史が専門。一九三〇～三一(昭和五～六)年渡欧後、皇国史観の教化につとめた。第二次大戦後辞職、郷里福井で宮司となった。

平泉澄

れた私塾では、「先哲《せんてつ》の学問と精神を体得し、忠孝《ちゅうこう》の大義《たいぎ》を究めることを目標に勉学する」東大生らが起居をともにし、週一回行われる平泉の講義は、のちに陸海軍の軍人も受講するようになったという。

出征兵士を励ますらいてうは、同時に、息子の安全を願う母でもあった。妻の権利を大幅に制限する民法への批判から、二〇年以上いわゆる内縁関係のままですごしていたらいてうは、一九四一年八月に博史との婚姻届を渋谷《しぶや》区役所に提出したのだが、それは早稲田《わせだ》大学理工学部に在学する息子敦史《あつふみ》のためだった。翌一九四二（昭和十七）年三月卒業予定の敦史は、在学中猶予されていた徴兵《ちょうへい》検査▲をひかえて、専門技術をいかせる陸軍の技術将校になりたいと、技術候補生▲への志願を考えた。そしてらいてうは、正規の婚姻外に生まれた子が同候補生に採用される見込みはないと聞き、入籍を決断したのである。一九四一年十月の勅令《ちょくれい》で大学の修業年限が短縮されたため、敦史は同年十二月に卒業、三菱重工名古屋航空機製作所へ就職したのち、翌四二年二月に入営、さらにその翌年三月には念願だった陸軍技術中尉として、東京市内にあった陸軍航空本部付きとなった。らいてうは後年、積極的に戦争協力する気持ちはないが、このよう

▼**徴兵検査**　国民の義務である兵役に服す者を選ぶため、満二〇歳の男子に課せられた検査。兵役法（一九二七〈昭和二〉年公布）で、大学などの在学者は修業年限に応じ猶予された。

▼**技術候補生**　一九三九（昭和十四）年、陸軍が技術将校の要員を確保するため、大学の工学部などの卒業生を採用した制度。

らいてうと敦史(一九三七〈昭和十二〉年頃)

▼**大本教**　神がかりとなった出《で》口《ぐち》なおが、一八九二(明治二十五)年に京都府綾部《あやべ》で始めた新興宗教。変革と平等・平和の思想が危険視され、一九二一(大正十)年、三五(昭和十)年に弾圧を受けた。

なところで働けば、まだ安全だろうという思いがあったと回想している。

　一九四一年十二月八日、日本はアメリカ・イギリス・オランダに対し宣戦した。翌一九四二年三月、「東京にとどまっていれば、何らかのかたちで戦争協力に引っ張りこまれることが十分予想される」とみたらいてうは、子どもたちが成長し家を出たことでもあり、姉の勧めにしたがって、茨城県北相馬《きたそうま》郡小文間《おもんま》村戸田井《とだい》に疎開《そかい》した。大本《おおもと》教▲の熱心な信者であった姉は、早くから日米開戦やその後の空襲を予想して疎開の準備を進め、前年十月には、父を亡くした母を戸田井の別荘に引き取っていたのである。

　らいてうは疎開中、姉の指導で畑作りに励み、勤労奉仕にも博史をかばって自分が出た。食糧事情が悪化し、疎開者がふえた関係で、一九四四(昭和十九)年四月からは台所も便所もない一間暮らしを余儀なくされ、その年末には出産する娘も身をよせた。それでも姉一家の援助と、らいてう自身が習い覚えていた手のひら療法などによる村人との交流とで、なんとか乗り切った。この間らいてうが公にした文章は年に数点あるかないか、この前後と比べごくわずかだった。東京との物理的な距離もあろうが、後年の回想によればこの時期のらい

紀元二千六百年頌

平塚らいてう

わが神倭伊波禮毘古命　大和の鳥見の山に靈畤をたてて皇祖大神に大孝をのべたまひてよりこゝに二千六百　年
今日このあひがたき祝典にあひ
みたみわれのよろこびにいや高くかかげられたる一億のいのちはたゞひとすじに大君に歸一し大御心の顯現に翼賛しまつることのかしこさ
ああ　おのづから湧きあがる彌榮の聲　一つに和して六合をおほふ

二千六百年を

天祖大神天壌無窮の神勅をくだし　神武天皇國を建て給うてから悠々二千六百年。この十日をもつて式典があげられる。この機會に女性の歩みをかへりみて將來に資したいと思ふ。

上古の氏族的共同の生活をいとなんでゐたと思はれる時には、男女の生活は性別によつて甚だしい懸隔はなかつた。男尊女卑の思想もなく、家を中心とする點では、寧ろ御祖としての女性の地位が高かつた。

氏姓時代は女性が男子と伍して活動したことが文獻にもいちじるしい。神功皇后の御事蹟や、物部麁鹿火の妻の夫を諫めた話などはこの期の女性の民族的氣宇の大なることを示す。

『輝ク』(一九四〇年十一月十七日号)　らいてうは神武《じんむ》天皇即位から二六〇〇年を祝する詩をよせた。

てうは、戦争協力体制が強化されるなかで、ものを書く意欲を失っていた。

一九四五(昭和二十)年八月十五日正午、天皇の重大な放送があるとの予告に、らいてうは博史と二人、部屋のラジオの前に座り、終戦の詔勅《しょうちょく》を聞いた。

⑤—戦後のらいてう

敗戦直後のらいてう

敗戦が近いことを予期していたらいてうだったが、それが現実となった衝撃は大きかった。新聞に掲載されたポツダム宣言を何度も読み返し、連合国軍の占領下におかれる日本がめざすべき「民主化」と「非軍事化」の方向性を歓迎したものの、自分を含め日本の女性たちが獲得しようと苦闘してきた婦人参政権《ふじんさんせいけん》が、「敗戦の苦汁とともに」旧敵国から突然あたえられることになるだろうと予測して、複雑な思いに駆られた。

一方、かつての同志市川房枝《いちかわふさえ》は、終戦の詔勅《しょうちょく》を聞いて悔し涙を流した一〇日後には、戦後対策婦人委員会を結成し、東久邇宮稔彦《ひがしくにのみやなるひこ》首相に早期の婦人参政権実現を申し入れた。これは受け入れられなかったが、十月に誕生した後継の幣《しで》原喜重郎《はらきじゅうろう》内閣は内務《ないむ》大臣堀切善次郎《ほりきりぜんじろう》の提言を受け、第一回閣議で婦人参政権実現を決定した。その直後にGHQのマッカーサー連合国最高司令官が、婦人参政権賦与を含む五つの改革を要求し、婦人参政権実現は目前に迫った。そこ

▼**ポツダム宣言**　一九四五年七月二十六日、ドイツのポツダムで会談中の米英ソ三国首脳が決定し、中国の蔣介石《しょうかいせき》総統の同意をえて、米英中三国の名で発表した対日降伏勧告。ソ連は対日宣戦後に参加。

▼**東久邇宮稔彦**　一八八七〜一九九〇。久邇宮《くにのみや》家に生まれ東久邇宮家を創立。フランス留学。陸軍大学校卒。のち陸軍大将。天皇に請われ敗戦直後に内閣を組織。

▼**幣原喜重郎**　一八七二〜一九五一。帝国大学卒。一九二〇年代、民政党《みんせいとう》の若槻礼次郎《わかつきれいじろう》・浜口雄幸《はまぐちおさち》両内閣で外相をつとめ、国際協調と経済中心主義に立つ外交を展開した。

▼**堀切善次郎**　一八八四〜一九七九。東京帝大卒。神奈川県知事、東京市長、法制局長官など歴任。選挙粛正運動などで婦選運動家らと共働したことがあった。

▼**GHQ**　連合国総司令部。日本を占領・管理するため、一九四五年に東京に設置された。一九五二年廃止。

▼**マッカーサー**　一八八〇〜一九六四。アメリカの陸軍元帥。

で市川らは、婦人有権者を啓蒙すべく新日本婦人同盟《しんにほんふじんどうめい》を結成、疎開《そかい》先のらいてうへも参加を呼びかけたが、らいてうは短いメッセージを送るだけで、具体的行動を起こすにはいたらなかった。住宅事情が悪いため、貸していた東京成《せい》城《じょう》の自宅がなかなか明け渡してもらえなかったうえ、配給がとどこおりがちななか、東京に暮す子どもたちへ食糧を補給するためにも、疎開先での農耕生活が当面何より重要だったからである。

　還暦をすぎたらいてうは、衆議院議員選挙法改正による婦人参政権の実現(一九四五〈昭和二十〉年十二月十七日)や、両性の本質的平等と非武装を規定した新憲法の制定(四六〈同二十一〉年十一月三日公布)を、熱心に見守り喜びつつも、四七(同二十二)年三月に帰京するまで、ほとんど社会的に発言しなかった。帰京したらいてうと博史《ひろし》は、成城の自宅で長男敦史《あつふみ》一家と同居を始めた。まだ経済状況は不安定だったが、母校早稲田《わせだ》大学で教職に就いた敦史の収入と、らいてう自身が相続した不動産の売却益などで、暮しは落ち着きつつあった。何より敦史の妻綾子《あやこ》に家事一切をまかせられる境遇は、らいてうにとってなんともありがたかった。のちに同居は解消するが、以後らいてうは勉強と思索、執筆を本格的に再開した。

世界平和の実現を求めて

一九四九(昭和二十四)年四月十日、全婦人団体が統一して開いた第二回婦人の日大会で、らいてうは市川房枝、堺為子《さかいためこ》▲とともに婦人参政権功労者として感謝状を贈られた。婦人の日は、戦後第一回の衆議院議員選挙で女性がはじめて選挙権を行使したことに由来する。その挨拶文でらいてうは、「解放された婦人の力を、愛を、知恵を、世界恒久平和への、最も現実的な、具体的な、そして合理的な正しい道の探求へと結集しようではありませんか」と呼びかけた。

命を生み育む母性の重要性を掲げて活動してきたらいてうが、世界平和を唱えるのは必ずしも突飛なことではない。しかし三〇年前、新婦人協会が衆議院議員選挙法改正を求めた際には、「一切の生命を擁護し、戦争を防止し、世界の平和を保持するために」という項目は、婦人参政権を求める理由の十二番目にすぎなかった。広島・長崎への原爆投下など多大な戦争の犠牲、そして軍備の撤廃と戦争放棄を規定した新憲法の制定が、らいてうの世界平和への思いを

▼**堺為子**　一八七二〜一九五九。大阪出身。平民社《へいみんしゃ》に炊事手伝いとして入り、一九〇五(明治三十八)年に堺利彦《としひこ》と結婚。ともに社会運動に従事した。

強くした。

この頃らいてうは「核戦争の脅威下で人類の安全と繁栄ということを考えるとき、世界恒久平和の実現のためには、国家主権を制限する世界連邦政府以外にない」と考えていた。第二次世界大戦前からアメリカなどで唱えられていた世界政府構想や世界連邦主義は、原爆の衝撃がさめやらないまま、資本主義陣営と共産主義陣営のあいだで緊張が高まると、日本を含む世界各国にかなりの勢いで広まった。

日本で運動の中心となったのは、財団法人国際平和協会と恒久平和研究所（のち世界恒久平和研究所と改称）である。国際平和協会は、一九四五（昭和二十）年九月に東久邇宮首相の意向を受けて設立されたもので、理事長の賀川豊彦《かがわとよひこ》が、日米戦回避工作のため渡米した四一（同十六）年以来、世界連邦主義を研究していた。また恒久平和研究所は、同じく一九四五年に国際平和協会の理事でもあった徳川義親《とくがわよしちか》▲らにより設立されたもので、徳川らが公職追放《こうしょくついほう》▲されたあとの運営を担った稲垣守克《いながきもりかつ》▲の主導で、世界連邦運動にかかわった。稲垣の仲介によって、一九四八（昭和二十三）年一月三日付『朝日新聞』に掲載された、アインシュ

▼**徳川義親**　一八八六〜一九七六。元越前藩主《えちぜんはんしゅ》松平《まつだいら》家から尾張《おわり》徳川家に入り侯爵《こうしゃく》。東京帝大卒。貴族院議員。敗戦後は国体護持《こくたいごじ》のため、日本社会党結成に協力。

▼**公職追放**　GHQが一九四六〜五二（昭和二十一〜二十七）年にかけて、軍国主義者や極端な国家主義者らに対してとった、公職などからの解職と再就職禁止措置。

▼**稲垣守克**　一八九三〜?。東京帝大卒。在学中から国際連盟を研究。一九一八（大正七）年、外務省嘱託として渡欧し、一六年間滞在。

タイン博士のメッセージ(「戦争防止に〝世界政府〟を」)は、日本でこの運動が周知されるきっかけとなり、同年八月六日、両団体を中心に世界連邦建設同盟が創設された。

らいてうは、かつて新婦人協会の賛助会員だった稲垣の指導のもと、世界連邦主義への理解を深め、一九四九年に世界連邦建設同盟に参加した。財政問題をめぐる紛糾をへて、同盟の体制刷新がはかられた一九五一(昭和二十六)年には、下中彌三郎《しもなかやさぶろう》らとともに理事となり、その翌年には、下中が発案した広島での世界連邦アジア会議の準備委員に名を連ねた。また下中・湯川秀樹《ゆかわひでき》らとともに、世界平和アピール七人委員会にも参加した。

ふたたび婦人団体のなかへ

らいてうは世界連邦運動の理念に賛同しつつも、身近な現実に対処する運動、とりわけ非武装国の女性にふさわしい運動が必要だと考え、活動の重心は、婦人の連帯による運動においた。

手始めにらいてうは、一九五〇(昭和二十五)年六月に来日したアメリカ国務

▼**アインシュタイン**　一八七九～一九五五。理論物理学者。一九二一年ノーベル物理学賞を受賞。一九三三年にはナチスに追われ渡米。核分裂の軍事利用の危険性を指摘。

▼**下中彌三郎**　一八七八～一九六一。一九一四(大正三)年、平凡社設立。国家主義的主張から公職追放指定を受けた。その後平和運動に尽力。

▼**世界平和アピール七人委員会**　下中彌三郎の提唱で一九五五年に発足した平和問題に関する意見表明の会。初代メンバー中の女性はらいてう・植村環・上代たのの三人。

世界平和アピール七人委員会（1962年10月27日）　左から茅誠司，植村環，川端康成，湯川秀樹，上代たの，らいてうの各委員と事務局長の内山尚三。

日米安保反対を訴えたデモ行進（1970〈昭和45〉年６月23日）　先頭中央がらいてう。

省顧問ダレスに宛て、「非武装国日本女性の講和問題についての希望事項」を書いた。日本と資本主義陣営諸国のみとの早期講和と日本の再軍備計画が、日米両政府間で具体化、これに対し平和問題懇談会が全面講和などをかかげて反対声明を出したが、婦人団体はさしたる動きをみせていなかったからである。

ダレスの離日が迫った六月二十五日、らいてうは声明草案への署名を求めて、近くに住む旧知の上代《じょうだい》たの・野上弥生子《のがみやえこ》・植村環《うえむらたまき》を訪ね賛同をえた。さらに公職追放中の市川房枝を訪ね、英訳して手渡しするよう助言を受けた。市川は、婦選運動の同志であったガントレット恒子《つねこ》に英訳を頼みがてら、署名への賛成を取りつけ、翌日は上代とガントレットがダレスに声明を手渡し、らいてうは新聞社や報道機関に声明文を発表するという手筈も整えた。新婦人協会の活動途中で袂を分かったあとも、らいてうは市川の活動を評価していたし、GHQに対し追放取消しの申請書も提出した。その他の女性たちも、戦前から婦人運動を牽引してきた同志だった。

その後、全面講和を求める日本女性のメッセージは、複数の婦人団体と個人の賛同者を集め、二回発表されたが、日米両政府は方針を転換せず、翌年九月

▼**ダレス**　一八八八～一九五九。アメリカの政治家。第二次世界大戦後のサンフランシスコ会議では、国連創設に尽力。

▼**平和問題懇談会**　日本学術会議会員らが組織、戦争政策反対、思想・学問の擁護などを主張。

▼**野上弥生子**　一八八五～一九八五。作家。明治女学校卒。夏目《なつめ》漱石《そうせき》の推薦で処女作を発表。『青鞜《せいとう》』にも寄稿した。

▼**植村環**　一八九〇～一九八二。女子学院卒業後、アメリカ留学。一九三一(昭和六)年、日本初のキリスト教女性伝道師となる。日本YWCA会長。

▼**ガントレット恒子**　一八七三～一九五三。愛知出身。女子学院卒。日本基督《キリスト》教《きょう》婦《ふ》人《じん》矯風会《きょうふうかい》会頭、汎太平洋婦人会議議長。

四日にサンフランシスコ講和条約と日米安全保障条約が締結された。これに不服のらいてうらは、再軍備反対婦人委員会を結成し意見表明を続けた。

つぎにらいてうが尽力したのは、国内婦人団体の結集である。きっかけは一九五二（昭和二十七）年七月に行われた、参議院議員高良《こうら》とみ▲の帰国歓迎会だった。とみは、公務での訪欧後、政府に無断でソ連・中国にも足を伸ばし、帰国すれば旅券法違反で処罰の恐れがあると話題になっていた。アメリカ・ソ連などの水爆実験成功が報じられ、核戦争への恐れと平和運動が高揚するなかでのことだった。とみを支持し擁護するため諸団体が帰国歓迎会を設けると、会場の日比谷《ひびや》公会堂周辺は大勢の人波で大盛況だった。これを見たらいてうは、再軍備に反対し平和憲法を守るために、婦人団体の結集をいかさなければと痛感し、帰国歓迎会準備委員会関係者に、婦人団体連合会準備会として存続すべきだと提案したのである。その結果、翌一九五三（昭和二十八）年四月に全日本婦人団体連合会▲（のち日本婦人団体連合会と改称、婦団連）が結成され、らいてうは初代会長に就任した。六七歳だった。

国際的にも知名度があったらいてうは、一九五三年十二月、婦団連が加盟す

▼**高良とみ**　一八九六〜一九九三。富山出身。日本女子大、コロンビア大卒。日本女子大教授。一九四七年から参議院議員。

▼**日本婦人団体連合会**　一九五三（昭和二十八）年四月、生活協同組合・日本民主婦人協議会・婦人民主クラブなど、三〇余の団体により結成された。

る国際民主婦人連盟(国際民婦連)の副会長就任を要請され、受諾した。体調が万全ではないため、実際の会議に参加することはなかったが、被爆国日本の婦人代表として、国際民婦連を通じ世界の女性たちに向け、さまざまなメッセージを発表した。第五福竜丸《ふくりゅうまる》事件▲の際には、国内の原水爆禁止運動の高揚を背景とした原水爆禁止のアピールを送り、これが子どもたちを核戦争から守ることを主題とした第一回世界母親大会▲開催の原動力となった。また一九五七(昭和三十二)年には世界婦人科学者会議の開催を提案し、「死の灰」研究を行っていた理学者猿橋勝子《さるはしかつこ》▲を、日本代表として派遣すべく奮闘した。

戦後のらいてうは、子育てが一段落したこともあり、一九七一(昭和四十六)年五月に胆道がんで没するまで、ふたたび婦人団体のなかにはいって平和問題に関する発言を続けた。らいてうは、長寿社会を生きる婦人運動家の先駆けでもあったといえるであろう。

▼**第五福竜丸事件**　一九五四(昭和二十九)年三月一日、南太平洋のビキニ環礁で行われたアメリカの水爆実験で、マグロ漁船が放射性降下物(「死の灰」)をあび、乗組員一人が死亡した。

▼**世界母親大会**　生命を生み育て守る母親の立場から諸問題に取り組む大会。一九五五年七月、スイスで第一回を開催。これを機に日本母親大会も始まった。

▼**猿橋勝子**　一九二〇〜二〇〇七。帝国女子理学専門学校卒。中央気象台に就職後、一九五七(昭和三十二)年学位取得。一九五八(昭和三十三)年、世界平和アピール七人委員会の要望を受け、日本婦人科学者の会を創設。

堀場清子『『青鞜』女性解放論集』岩波書店, 1991年
松尾尊兊「大正期婦人の政治的自由獲得運動―新婦人協会から婦選獲得同盟へ―」新婦人協会編『女性同盟』復刻版, 別冊, ドメス出版, 1985年
山本秋『日本生活協同組合運動史』日本評論社, 1983年
米田佐代子『平塚らいてう―近代日本のデモクラシーとジェンダー―』吉川弘文館, 2002年
米田佐代子「平塚らいてうの戦後平和思想とその実践―自筆メモ『世界連邦運動』を読み解く―」『平塚らいてうの会紀要』第 8 号, 2015年
米田佐代子・池田恵美子編『『青鞜』を学ぶ人のために』世界思想社, 1999年
らいてう「新帝都の基礎」三宅やす子編『八つの泉』災害救済婦人団, 1923年
らいてう研究会編『『青鞜』人物事典―110人の群像―』大修館書店, 2001年
若泉敏明『平泉澄―み国のために我つくさなむ―』ミネルヴァ書房, 2006年

写真所蔵・提供者一覧(敬称略, 五十音順)

朝日新聞社　p. 1, 44, 67右, 71, 77, 86上
市川房枝記念会女性と政治センター　p. 52左, 54下
奥村直史　扉, p. 5中・下, 15上, 51, 54上, 59, 69, 79, 86下
賀川豊彦記念・松沢資料館　p. 72左
国立国会図書館　p. 8, 34, 46右, 66, 70
主婦連合会　p. 52右
大東学園高等学校　p. 67左
新渡戸記念館　p. 72右
日本近代文学館　カバー表, p. 10, 19, 28, 30下, 43, 46左, 54中
日本女子大学成瀬記念館　p. 13, 14, 15中・下, 16, 18, 30上
不二出版株式会社　p. 80
婦人之友社　カバー裏
毎日新聞社　p. 76
早稲田大学演劇博物館　p. 38

参考文献

市川房枝『市川房枝自伝　戦前編』新宿書房, 1974年
井出文子『平塚らいてう—近代と神秘—』新潮社, 1987年
伊藤野枝『伊藤野枝全集』上下, 學藝書林, 1986年
岩田ななつ『文学としての『青鞜』』不二出版, 2003年
大森かほる『平塚らいてうの光と蔭』第一書林, 1997年
奥村敦史監修, らいてう研究会編『わたくしは永遠に失望しない　写真集　平塚らいてう——人と生涯』ドメス出版, 2011年
奥村直史『平塚らいてう—孫が語る素顔—』平凡社, 2011年
折井美耶子「平塚らいてうと「消費組合　我等の家」—新資料を中心に—」『平塚らいてうの会紀要』創刊号, 2008年
輝く会『輝ク』復刻版全２巻, 別冊１, 不二出版, 1988年
香内信子編集・解説『資料　母性保護論争』ドメス出版, 1984年
鹿野政直・香内信子編『与謝野晶子評論集』岩波書店, 1985年
川本静子『〈新しい女たち〉の世紀末』みすず書房, 1999年
小嶋翔「戦前期消費組合運動における理念と実際運営—平塚らいてう「消費組合我等の家」に注目して—」『日本経済思想史研究』第16号, 日本経済思想史学会, 2016年
小林登美枝『平塚らいてう』清水書院, 1983年
小林登美枝・米田佐代子編『平塚らいてう評論集』岩波書店, 1987年
佐々木英昭『「新しい女」の到来』名古屋大学出版会, 1994年
島田法子・中嶌邦・杉森長子『上代タノ—女子高等教育 平和運動のパイオニア—』ドメス出版, 2010年
鈴木裕子編『山川菊栄評論集』岩波書店, 1990年
青鞜社『青鞜』復刻版, 龍渓書舎, 1980年
世界連邦建設同盟編『世界連邦運動20年史』世界連邦建設同盟, 1969年
瀬戸内晴美『青鞜』上下, 中央公論社, 1984年
中嶌邦『成瀬仁蔵』吉川弘文館, 2002年
中島岳志『下中彌三郎—アジア主義から世界連邦運動へ—』平凡社, 2015年
日生協創立50周年記念歴史編纂委員会『現代日本生協運動史』上巻, 日本生活協同組合連合会, 2002年
日本女子大学校編『日本女子大学校四十年史』日本女子大学校, 1941年
日本女子大学大学院文学研究科日本文学専攻内岩淵(倉田)研究室編『『青鞜』と日本女子大学校同窓生［年譜］』日本女子大学大学院文学研究科日本文学専攻内岩淵(倉田)研究室, 2002年
日本婦人団体連合会編『婦団連40年のあゆみ：1953年－1993年』1993年
馬場哲雄『近代女子高等教育機関における体育・スポーツの原風景』翰林書房, 2014年
平塚らいてう『平塚らいてう自伝　元始, 女性は太陽であった』①〜④, 大月書店, 1992年
平塚らいてう著作集編集委員会編『平塚らいてう著作集』全８巻, 大月書店, 1983－84年
堀場清子『青鞜の時代—平塚らいてうと新しい女たち—』岩波書店, 1988年

平塚らいてうとその時代

西暦	年号	齢	おもな事項
1886	明治19		*2-10* 東京市麹町区に生まれる(本名明)
1898	31	12	*4-* 女子高等師範学校付属高等女学校に入学
1903	36	17	*4-* 日本女子大学校家政学部に入学
1904	37	18	*2-8* 日露戦争(～1905年9月5日)
1905	38	19	初夏，釈宗活老師のもとで禅の修行を始める
1906	39	20	*3-* 女子大卒業。*11-* 姉孝が養子米次郎と結婚
1907	40	21	*6-* 閨秀文学会に参加
1908	41	22	*3-21* 家出し森田草平と栃木県塩原に向かう
1911	44	25	*9-*『青鞜』創刊(～1916年2月)
1912	大正1	26	*6-23*「吉原登楼」事件。*8-* 茅ヶ崎で奥村博と出会う
1913	2	27	*9-*「青鞜社概則」を改正
1914	3	28	*1-13* 奥村と共同生活開始。*7-28* 第一次世界大戦(～1918年11月11日)。*12-* 伊藤野枝に『青鞜』発行権委譲を決心
1915	4	29	*9-* 奥村が結核で療養所入所。*12-9* 長女曙生を出産
1917	6	31	*9-26* 長男敦史を出産
1918	7	32	*4-* 田端に家を買い転居。*5-* 母性保護論争開始
1919	8	33	*11-24* 新婦人協会の設立計画を発表
1920	9	34	*2-9* 第42帝国議会に請願書を提出
1921	10	35	*3-26* 第44帝国議会貴族院で治警法改正案否決。夏から家族で転地療養
1922	11	36	*3-25* 治安警察法改正案成立。*12-8* 新婦人協会解散
1923	12	37	この年，長女，長男が成城小学校に入学。*9-1* 関東大震災
1927	昭和2	41	*4-1* 東京府下砧村(成城)に自宅を新築転居
1928	3	42	*2-* 東京共働社消費組合に加入(～1932年)
1932	7	44	この年，「有限責任消費組合我等の家」を設立(～1938年)
1937	12	51	*7-7* 盧溝橋事件。*10-*『輝ク』に「皇軍慰問号を読む」を寄稿
1941	16	55	*8-14* 奥村との婚姻届を渋谷区役所に提出
1942	17	56	*2-1* 長男入営。*3-17* 茨城県戸田井に疎開(～1947年3月)
1945	20	59	*8-15* ポツダム宣言受諾の玉音放送。*9-2* 降伏文書に調印
1949	24	63	*4-10* 婦人参政権功労者とされる，世界連邦建設同盟に加入
1950	25	64	*6-25* 朝鮮戦争，*26* 米国務省顧問ダレス宛要望書を発表
1951	26	65	*9-8* サンフランシスコ講和条約・日米安全保障条約調印
1952	27	66	*8-2* 高良とみ帰国歓迎会準備委員会を婦人団体連合会準備会として存続させるよう提案
1953	28	67	*4-5* 全日本婦人団体連合会の会長受諾(～1955年)。*12-* 国際民主婦人連盟の副会長受諾
1954	29	68	*3-1* 第五福竜丸事件。*9-15* 国際民婦連本部に原水爆禁止アピールを送る
1955	30	69	*11-11* 世界平和アピール七人委員会に参加
1971	46	85	*5-24* 死去

差波亜紀子（さしなみ あきこ）
1967年生まれ
東京大学大学院人文社会系研究科博士課程修了
専攻，日本近代史
現在，法政大学文学部兼任講師
主要論文
「近世近代移行期における地方都市新興商人」
（吉田伸之・高村直助編『商人と流通』山川出版社1992）
「初期輸出向け生糸の品質管理問題」（『史学雑誌』105-10，史学会1996）
「明治日本におけるビール市場と醸造家」
（『社会科学研究』53-4，東京大学社会科学研究所2002）
「近代八戸における洋雑貨商の鉄道利用」
（地方史研究協議会編『歴史と風土―南部の地域形成―』雄山閣2004）

日本史リブレット人 093
平塚《ひらつか》らいてう《らいちょう》
信じる道を歩み続けた婦人運動家
2019年 2 月 5 日　1 版 1 刷　印刷
2019年 2 月15日　1 版 1 刷　発行
著者：差波亜紀子《さしなみあきこ》
発行者：野澤伸平
発行所：株式会社 山川出版社
〒101－0047　東京都千代田区内神田 1 －13－13
電話　03（3293）8131（営業）
03（3293）8135（編集）
https://www.yamakawa.co.jp/
振替　00120-9-43993
印刷所：明和印刷株式会社
製本所：株式会社 ブロケード
装幀：菊地信義

Printed in Japan ISBN 978-4-634-54893-0

日本史リブレット 人

1 卑弥呼と台与——仁藤敦史
2 倭の五王——森 公章
3 蘇我大臣家——佐藤長門
4 聖徳太子——大平 聡
5 天智天皇——須原祥二
6 天武天皇と持統天皇——義江明子
7 聖武天皇——寺崎保広
8 行基——鈴木景二
9 藤原不比等——坂上康俊
10 大伴家持——鐘江宏之
11 桓武天皇——西本昌弘
12 空海——曾根正人
13 円珍と円仁——平野卓治
14 菅原道真——大隅清陽
15 藤原良房——今 正秀
16 宇多天皇と醍醐天皇——川尻秋生
17 平将門と藤原純友——下向井龍彦
18 源信と空也——新川登亀男
19 藤原道長——大津 透
20 清少納言と紫式部——丸山裕美子
21 後三条天皇——美川 圭
22 源義家——野口 実
23 奥州藤原三代——斉藤利男
24 後白河上皇——遠藤基郎
25 平清盛——上杉和彦
26 源頼朝——高橋典幸
27 重源と栄西——久野修義
28 法然——平 雅行
29 北条時政と北条政子——関 幸彦
30 藤原定家——五味文彦
31 後鳥羽上皇——杉橋隆夫
32 北条泰時——三田武繁
33 日蓮と一遍——佐々木馨
34 北条時宗と安達泰盛——福島金治
35 北条高時と金沢貞顕——永井 晋
36 足利尊氏と足利直義——山家浩樹
37 後醍醐天皇——本郷和人
38 北畠親房と今川了俊——近藤成一
39 足利義満——伊藤喜良
40 足利義政と日野富子——田端泰子
41 蓮如——神田千里
42 北条早雲——池上裕子
43 武田信玄と毛利元就——鴨川達夫
44 フランシスコ＝ザビエル——浅見雅一
45 織田信長——藤田達生
46 徳川家康——藤井讓治
47 後水尾天皇と東福門院——山口和夫
48 徳川光圀——鈴木暎一
49 徳川綱吉——福田千鶴
50 渋川春海——林 淳
51 徳川吉宗——大石 学
52 田沼意次——深谷克己
53 遠山景元——藤田 覚
54 酒井抱一——玉蟲敏子
55 葛飾北斎——小林 忠
56 塙保己一——高埜利彦
57 伊能忠敬——星埜由尚
58 近藤重蔵と近藤富蔵——谷本晃久
59 二宮尊徳——舟橋明宏
60 平田篤胤と佐藤信淵——小野 将
61 大原幽学と飯岡助五郎——高橋 敏
62 ケンペルとシーボルト——松井洋子
63 小林一茶——青木美智男
64 鶴屋南北——諏訪春雄
65 中山みき——小澤 浩
66 勝小吉と勝海舟——大口勇次郎
67 坂本龍馬——井上 勲
68 土方歳三と榎本武揚——宮地正人
69 徳川慶喜——松尾正人
70 木戸孝允——一坂太郎
71 西郷隆盛——德永和喜
72 大久保利通——佐々木克
73 明治天皇と昭憲皇太后——佐々木隆
74 岩倉具視——坂本一登
75 後藤象二郎——鳥海 靖
76 福澤諭吉と大隈重信——池田勇太
77 伊藤博文と山県有朋——西川 誠
78 井上馨——神山恒雄
79 河野広中と田中正造——田崎公司
80 尚泰——川畑 恵
81 森有礼と内村鑑三——狐塚裕子
82 重野安繹と久米邦武——松沢裕作
83 徳富蘇峰——中野目徹
84 岡倉天心と大川周明——塩出浩之
85 渋沢栄一——井上 潤
86 三野村利左衛門と益田孝——森田貴子
87 ボアソナード——池田眞朗
88 島地黙雷——山口輝臣
89 児玉源太郎——大澤博明
90 西園寺公望——永井 和
91 桂太郎と森鷗外——荒木康彦
92 高峰譲吉と豊田佐吉——鈴木 淳
93 平塚らいてう——差波亜紀子
94 原敬——季武嘉也
95 美濃部達吉と吉野作造——古川江里子
96 斎藤実——小林和幸
97 田中義一——加藤陽子
98 松岡洋右——田浦雅徳
99 溥儀——塚瀬 進
100 東条英機——古川隆久

〈白ヌキ数字は既刊〉